나이를이기는심리학

나이를 이기는 심리학

최고의 시간은
아직 오지 않았다

The Psychology of Smart Aging

한소원 지음

바다출판사

차례

길은 하나가 아니다

결혼을 하기 전까지 몇 명 정도를 만나본 뒤 결정하면 최적의 선택을 할 수 있을까? 첫눈에 반해 사귀게 된 첫사랑과 결혼하는 것이 가장 좋은 경우일까?

경제학 이론 중에서 '비서 문제Secretary problem'라는 의사결정 이론이 있다. 비서를 고용할 때 100명의 지원자가 있다면 그 중 40명 정도를 만나본 후에는 결정을 하는 것이 최적이라는 수학적 모델이다. 정확하게는 0.37(37퍼센트)이 최적의 지원자를 선택하기 위해 결정을 해야 하는 확률이다.

같은 논리가 결혼에도 적용된다는 이유로 이 문제를 '결혼 문제' 또는 '최적의 정지停止 문제'라고도 한다. 가끔씩 젊은 사람들에게 '연애는 많이 해볼수록 좋다'는 근거로 농담처럼 이 이론을 이야기하곤 한다. 일단 40명 정도는 만나보고 결정하라고 이야기하지만 사실 그 숫자는 100명의 지원자가 있다는 가정하의 확률적인 수치일 뿐이다. 더구나 문제는 우리 삶에서 무엇이 최적인지 미리 알 수 없다는 점이다. 미래에 무엇이 최적인지 아는 것은 더더욱 어렵다.

10년 후의 나는 어떤 모습일까. 막상 미래를 생각하면 단편적인 모습만 떠오른다. 어떤 일을 하고 있을지, 어디에서 누구와 살고 있을지를 생각한다. 나의 하루하루가 어떤 가치를 가지고 있을지, 어떤 행복과 슬픔을 가지고 있을지 예상하기 어렵다.

나이가 들어갈수록 나의 가치와 행복을 결정하는 것은 직업적인 성공이나 경제력 같은 단편적인 모습이 아니라는 것을 깨닫게 된다. 사랑하는 사람을 만나 결혼하는 것도 행복을 결정해주는 일은 아니다. 디즈니 동화 속 공주가 백마 탄 왕자를 만나서 영원히 행복하게 살았다는 마지막 문장은 비현실적인 결말의 대표적인 예시가 되고 있다.

사람들은 현재의 나를 기준으로 미래를 예측한다. 지금 힘든 시기를 겪고 있다면 미래 또한 힘들 것이라 예측한다는 얘기다. 혹은 지금 승승장구하고 있는 사람들은 미래도 아무 걱정 없을 것으로 예측할 가능성이 크다. 그러나 누구에게나 미래에는 좋은 일도 나쁜 일도 모두 찾아올 것이다.

그런데 이상하게도 좋은 일은 생각할 수 있는 한도에서 일어나거나 적어도 예상할 수 있는 범위에서 일어나는데, 나쁜 일은 예고도 없이 예상도 하지 못한 상태에서 갑자기 우리 앞에 나타날 때가 많다. 그래서 고통스러운 일이 닥칠 때마다 참고 견디는 수밖에는 다른 선택이 없으며, 그 점이 더 견디기 힘들게 만든다.

하지만 주변의 지혜로운 분들은 아주 좋기만 한 일도, 아주 나쁘기만 한 일도 없다고 말한다. 아무리 슬픈 상황 속에 있더라도 그 주위엔 누군가의 친절함이 있고, 작더라도 소중한 희망이 있다.

한국인이 특히 사랑하는 로버트 프로스트의 시 〈가지 않은 길〉에서는 숲 속에서 난 두 갈래 길 중에서 하나를 선택해서 가는 의미를 아름답게 그리고 있다. 이 시에서 가장 기억에 남는 것은 제목이다. 왜 이 시의 제목은 〈가지 않은 길〉일까? 발자취가 적게 난 길을 선택하는 순간도, 훗날 길을 되돌아보며 한숨 쉬는 순간도 모두 우리 삶을 채워나가는 귀중한 시간들이다.

우리 삶을 만드는 것은 단편적인 한 가지 모습이 아니라 순간순간을 채우는 많은 활동들이다. 언제부터인가 우리는 쉬지 않고 흘러가는 정보를 쫓아가며 살고 있다. 정치·경제 추세와 전자제품, '핫하다'는 맛집과 연예계 소식까지 놓치면 이 사회에서 뒤쳐질 것 같은 불안에 항상 스마트폰을 손에서 놓지 못한다.

이렇게 정보를 쫓아가고 있으면 순간을 충실하게 사는 것일까. 끊임없이 흘러가는 정보 속에서 나를 잃어버리는 것은 아닐까.

어느 날 친구가 말하길, 문화센터에서 일주일에 한 번씩 미술을 배우기 시작하면서 자유로움과 해방감을 느낀다는 것이다. 그 친구는 누군가의 딸이자 아내, 엄마이기도 하고 유치원에서 아이들을 가르치는 선생님이기도 하다. 이토록 자기가 맡은 역할을 성실하게 담당하며 살아왔지만 친구는 이제야 미술을 배우면서 자신만의 모습을 찾은 것 같았다. 파리에서 미술을 공부하셨다는 미술 수업의 강사가 친구의 그림을 보며 "영혼이 순수하다"고 칭찬한 것을 친구는 두고두고 기뻐했다.

그림을 배우는 그 친구처럼 새로운 것을 배우는 일은 우리의 뇌를 깨우고 또다시 새로워질 자신을 개발해보는 일이다. 인생의 중반에 들어서면서 이제부터 어떻게 살아야 할까 다시금 정리해보는 시간을 갖게 된다. 젊은 시절에는 성공적인 미래를 위해 오직 전력질주하며 보내는 경우가 많다. 직업에서 인정받는 것, 배우자를 만나고 가정을 꾸리는 것 모두 가치 있고 훌륭한 일이다.

하지만 성공한 직장이 있든, 그렇지 않든 간에 그것 역시 삶의 한 부분일 뿐이다. 인간은 그 어떤 작은 단위의 시간에서도 새롭게 태어날 수 있는 존재이다. 목표를 향해 오직 끝만 보고 달려가는 것이 아니라, 걸어가는 길 자체를 즐거워하고 때로는 옆길을 기웃거리기도 하며 살아가는 것이 어떨까.

노벨상을 만든 알프레드 노벨은 발명가이기도 하지만 원래는 사업가였다. 다이너마이트를 만든 것으로 가장 잘 알려져 있지만 노벨은 평생 동안 수백 개의 특허를 가지고 있었고 군사용품 제작회사를 소유하고 있는 무기 거래상이었다.

어느 날 그의 형 루드비그 노벨이 사망했을 때 프랑스의 한 신문사에서 이를 잘못 전달 받고 알프레드 노벨의 부고 기사로 신문에 실은 것이다. 그 기사의 제목은 '죽음의 장사꾼이 죽었다(Le Marchand de la Mort Est Mort)'였다. 무기 거래상인 알프레드 노벨은 그 기사를 보고 충격을 받아, 이후 자신의 전 재산을 돌려서 인류에게 가장 큰 공헌을 한 사람들에게 상을 주는 노벨상을 만들게 되었다.

30년 후의 나는 어떤 모습을 하고 있을까? 나는 미래의 어느 하루를 재미있고 풍성하고 가치 있게 보낼 수 있을까?

어렸을 때는 항상 미래를 준비한다. "커서 뭐 될래?" 이 질문을 수도 없이 들었다. 목표를 준비하는 것이 당연했고 아무것도 하지 않으면 시간을 허비한다는 조바심도 있었다. 의무적으로 하던 학교 교육의 과정은 지나갔지만 내가 선택하고 정의한 나의 삶을 만들어갈 때가 다가왔다. 누군가에게 "어떤 인생을 원하는가"라고 질문하면 가장 많이 나오는 답은 '행복' '사랑' '의미' 이런 단어들이 아닐까.

그렇다면 지금 나의 인생에서 행복과 사랑과 의미를 주는 것이 무언지 찾아 그것에 더욱 가까이 다가가 보자. 그리고 현재를 온전히 경험하자. 의미 없는 성공이나 곧 사라질 욕심에, 남들이 한다니까 나도 해야하나보다, 하는 허무함과 무의미함에 넘어가지 말자.

현재에 집중하는 것이 말처럼 쉽지 않다. 대화할 때 그 자리에 있는 것도 쉽지 않고, 오늘에 집중하는 것도 쉬운 일이 아니다. 다만 내 삶에 집중할 수 있는 한 가지 방법으로 '끊임없이 변화를 찾아라'는 조언을 던지고 싶다.

베를린 필하모닉이나 뉴욕 필하모닉 같은 세계적인 오케스트라에서 연주하는 연주자들도 똑같은 곡을 수백 번 연습하며 반복 연주하면 지루할뿐더러 집중하기 어렵다고 한다. 그런데 그 연주자들에게 "오늘은 다른 사람이 아무도 모르게 아주 약간만 다른 방식으로 연주해주세요"라고 부탁하면 그 변화를 만들기 위해 더 집중하게 되고, 그럼으로써 더 좋은 연주를 만들어낸다는 것이다.

사람들과의 만남에서도 달라진 것을 찾아보자. 말투가 달라졌는지, 관심사가 달라졌는지, 외모가 달라졌는지를 발견해보자. 그 만남에 집중하고 그 사람에 집중하자. 한국은 계절의 변화가 뚜렷하고 각양각색의 날씨가 존재한다. 도시 환경도 변하고 테크놀로지도 변하고 사람도 변한다. 그 변화의 아름다움과 신기함과 재미를 경험하자.

이 책의 큰 주제가 되는 '스마트 에이징Smart Aging'이라는 말은 단순히 '현명하게 나이 들기'라는 단어적 의미를 넘어, 테크놀로지를 활용하여 커뮤니티와 지속적으로 연결을 맺으며 건강하게 살아간다는 의미로 사용된다. 다시 말해 스마트 에이징은 기술의 발달을 넘어서는, 삶을 준비하고 선택하는 방법이다. 이전보다 더욱 적극적인 자세로 새로움을 추구하고 호기심 가득한 눈으로 세상을 바라본다면, 당신은 예측할 수 없는 이 미래에 누구보다도 스마트하게 나이 들어갈 수 있을 것이다.

과학자들은 활발하게 몸을 움직이고 문화와 예술을 가까이 하는 것이 건강한 뇌와 마음을 만드는 길이라고 알려준다. 인생이란 한 가지 길로만 달려서 도달하는 종착점을 위한 준비가 아니다. 순간순간 집중하고 변화를 즐거워하면서 나이 들어간다면 더 의미 있는 삶을 만들 수 있다.

인생의 절반을 살아가면서 다시 새로운 길에 들어섰음을 느낀다. 지금까지 치열한 경쟁 속에서 살아왔다면 이제부터는 순간순간을 의미 있게 살면서 새로운 나를 만들어가고자 한다. 새로운 것을 찾아 열심히 배우고, 나와 남에게 모두 친절하게, 그렇게 또 다른 사랑을 만들며 살아가려 한다.

한소원

1
시간

최고의 시간은 아직 오지 않았다

선택이 달라졌다

"The best is yet to come(최고의 시간은 아직 오지 않았다)."

가수이자 영화배우였던 프랭크 시나트라Frank Sinatra의 노래 제목이다.

코로나19 바이러스가 전 세계를 강타한 2020년은 다들 알고 있듯 특히 노인들의 치사율이 높았고 감염병에도 노인들이 상대적으로 더 취약했다. 그런데 이듬해인 2021년 초에 발표된 전 세계 행복 보고서에서는 노인들의 행복지수가 젊은 사람들보다 더 높다는 결과가 나왔다. 이 연구결과에 대해 다들 예상치 않은 결과라고 놀라워했으나, 지난 수십 년 동안의 심리학 연구를 보면 다양한 문화와 복잡한 상황에서 노인들이 젊은 사람들보다 더 행복감을 느끼는 것으로 이미 증명된 바 있다.

왜 노인들이 젊은 사람들보다 행복감이 더 클까? 이전의 연구들은 주로 서양 선진문화권에서 이루어졌기 때문에 연금제도와 경제적인 안정이 큰 요인일 것이라는 추측도 있다. 그러나 한국에서 이루어진 연구에서도 50~60대가 20~30대보다 코로나19 팬데믹 기간에 삶의 질이 더 높았다는 결과가 나왔다.

스탠포드대학교의 심리학자 로라 칼스텐슨Laura Carstensen의 연구에 따르면 노인들이 젊은 사람들보다 긍정적인 정서를 더 많이 경험하고 부정적인 정서는 더 적게 경험하는 경향을 보였다. 특히 성격, 건강, 교육, 직장 유무, 독거 여부 등의 인구통계학적 변인들을 고려하더라도 나이가 들수록 삶의 질이 높다는 상관관계는 제법 유의미하게 나타났다.

로라 칼스텐슨의 연구팀은 이 외에도 복잡하고 다양한 방법으로 '나이'와 '삶의 질'의 관계를 연구해왔는데, 특히 칼스텐슨의 사회정서선택이론에 의하면 '나이'와 '삶의 질'의 관계에 있어 중요한 요인으로 다음과 같은 세 가지를 꼽고 있다. 미래 시간에 대한 관점(시간 조망, Time Perspective), 목표의 우선순위, 그리고 사회적 환경의 선택이다.

"당신의 미래에 많은 기회가 있다고 생각하시나요?"

"당신은 앞으로 남은 시간이 부족하다고 생각하시나요?"

이런 질문들은 미래의 시간에 대한 관점을 측정하기 위한 것인데, 전반적으로 나이가 많을수록 미래에 남아 있는 시간이 짧다고 생각하기 마련이다. 남은 시간이 많다고 생각하는 것 자체는 긍정적인 정서를 만들지만, 나이가 들면서 남은 시간이 충분하지 않다고 생각함에도 불구하고 삶의 질은 더 높아진다.

특히 젊은 사람들에게도 삶이 유한하다는 것을 알려주는 프롬프트를 주면 긍정적 정서가 더 높아진다. 삶의 끝에 죽음이 있다는 것을 생각하면 그 주어진 삶의 소중함을 더 생각하게 된다는 것이다.

이 연구에 따르면, 노인이 젊은 사람보다 더 주관적 행복지수가 높은 이유는 결국 '무엇을 선택하느냐'의 문제로 귀결된다. '성취적' 목표에서 '정서적' 목표로 삶의 우선순위를 바꾸고 나니 정서적 사회적 환경을 선택하는 능력이 더 높아지는 것이다. 나이가 들면서 사람들은 당연히 신체적인 에너지가 떨어지게 된다. 그러니 제한된 에너지를 가지고 모든 것을 할수는 없기에 그들은 차선의 방법을 생각해낸다. 활동할 때 우선순위를 정하고 목표를 선택하는 것이다. 이때의 목표는 정서적이고 사회적인 목표로 변화한다.

노인들은 젊었을 때 중요시하며 살았던 성취의 동기보다 정서적이고 사회적인 관계 속에서 내적인 기쁨을 찾는다. 다시 말해 삶의 단계에서마다 선택의 종류도 달라진다는 얘기다. 현재 자신의 삶이 죽음과 더 가깝다고 인식할수록 더욱 정서적이고 사회적인 목표로 나아가는 것이다.

살다 보면 마음에 들지 않는 회사 상사와 잘 지내야 하고, 만나고 싶지 않은 사람들도 만나야 할 때가 있다. 이런 관계는 나의 커리어를 만들어가고 직업에서의 성취를 이루기 위해서는 필요한 부분이므로 우리는 어쩔 수 없이 적응하고자 노력한다.

하지만 사회적 스트레스는 참고 버틴다고 없어지는 것이 아니다. 오히려 삶의 질을 저하시킨다. 사회정서이론에 따르면 노인들은 사회적으로 스트레스가 되는 환경을 피하는 것으로, 다시 말해 정서적인 선택으로 변화한다. 이 선택이 곧 정서조절 능력으로 이어지는 것이다.

시간을 어떻게 사용하는가는 오롯이 내 자신의 선택이다. 인생의 우선순위를 선택하고 어떤 정서를 경험할지를 선택하는 것도 결국 내 자신이다. 이런 순간순간의 선택들이 모여서 내가 살아가는 전체의 인생이 만들어질 테니까 말이다.

이젠 현실이 된 100년 계획

100세는 장수 연구에 많이 등장하는 의미심장한 나이다. 이때의 장수 연구들은 실험 연구가 아니라 조건에 따라서 집단을 비교하는 관찰 연구에 해당한다. 결혼 여부, 경제적 능력, 사회적 지위, 건강의 유전적 인자 등 장수를 예측하는 많은 요인들이 있는데, 그 중에서도 시대적 영향은 절대 빼놓을 수 없는 요인이다.

장수 연구의 대상이 되는 분들, 그러니까 100세가 넘도록 생존해 있는 어르신들은 거의 1910~20년대에 태어나신 분들이다. 100년 전의 한국은 조선시대 말기에서 일제강점기 시기를 거치는, 그야말로 격동의 시절이었다. 해방과 6·25전쟁, 그 후의 정치적·경제적·사회적인 시대의 변화 요인을 장수 연구는 다 포함하고 있는 것이다.

조선시대 말기에 태어나신 분들의 인생에서 결혼과 직업의 의미는 지금 젊은 사람들이 겪는 인생과 너무나 다르다. 그 시절의 가족과 사회적 집단의 의미 역시 다르다. 당연한 말이지만, 시대가 변하고 환경이 달라지면 사람의 행동도 달라진다. 변화하는 환경과 시대에 따라 경험이 변하고 사람도 변하기 때문이다.

지금 젊은 세대의 절반 이상이 결혼은 해도 되고 안 해도 된다고 생각한다. 특히 한국은 전 세계에서 출산율이 가장 낮은 나라가 되었다. 2021년 유엔인구기금UNFPA에서 발표한 세계인구 현황보고서에 실린 통계에 따르면 한국의 출산율은 조사 대상 198개국 중 가장 낮다.

국가가 여러 가지 복지제도를 통해 결혼과 출산을 장려하는 정책을 펴지만 그렇다고 개인의 선택과 행동에는 제각각의 이유가 있으므로 큰 효과를 거둘지는 미지수이다. 어릴 적 당시의 국가 정책이었던 "아들 딸 구별 말고 둘만 낳아 잘 기르자"라는 표어는 이미 무색해지고, 지금은 인구 절벽이 시작되어 사회 곳곳에서 우려를 낳고 있다. 시대에 따라 상황이 변하고 가치 또한 변하고 있는 것이다.

어린 시절 〈장수만세〉라는 TV 프로가 있었다. 60세 이상의 할머니 할아버지들과 아들 딸 사위 며느리 등 대가족이 등장해 그들의 사연과 유대를 보여주는 프로그램이었다. 그렇지만 어린 내 눈에 비친 주인공 할아버지 할머니(주로 할아버지가 주인공이었다)는 정말 시대와 상황에 맞지 않는 고집불통의 행동들을 보여주었다. 방송에서는 무조건 어르신이 하자는 대로 따라가는 것이 미덕인 것처럼 표현되었으나, 나에게는 방송이 오히려 그 어르신들을 절대 변할 수 없는 굳어진 존재처럼 취급하는 것이 아닌가 하는 의심이 들었다.

요즘은 넷플릭스 덕에 미국에서 살 때보다 미국 드라마를 더 많이 보게 된다. 2015년에 시작되어 7년째 장기 방영되고 있는 〈그레이스 앤 프랭키Grace and Frankie〉라는 티비 드라마가 있다. 두 친구의 복잡한 가족 이야기, 우정, 연애, 직업 등 일상의 사는 이야기를 다루고 있는데, 주인공 역을 맡고 있는 제인

폰다와 릴리 톰린은 각각 1937년, 1939년 생으로 모두 80대 배우들이다.

극 중에서 맡은 역할도 배우들의 실제 나이의 삶 그대로를 그리고 있다. 예전에 생각하던 80대의 인생과는 완연히 달라졌다. 여전히 활동적이고, 여전히 삶의 풍파를 겪고 있으며, 늘 새로운 사랑을 찾기까지 한다. 물론 드라마 속 인물들도 수시로 아픈 관절에, 기력은 딸리고 뇌졸중 증세도 겪으며, 주변에 치매를 앓는 친구도 있으나 그럼에도 불구하고 여전히 활동적인 생활을 이어가려 애쓴다.

지금 베이비부머 세대의 부모님들을 보면 90세, 100세를 사는 경우도 많다. 오래 전 그 부모님들이 서른 살이었을 때, 그들은 과연 자신이 아흔까지 살 것이니 그에 맞춰 계획을 세우며 살았을까? 그렇지 않은 경우가 훨씬 많을 것이다.

삶이 길어지면서 개인의 삶의 모습도 변해야만 한다. 당연하다고 여겨졌던 삶의 사이클, 그러니까 '교육 – 직장 – 여가'라는 인생의 패러다임이 변해야 한다는 말이다. 대부분의 사람들이 경제적인 준비를 해야 한다고는 생각하지만, 그에 반해 가치 있고 행복하게 나이 들기 위한 고민은 상대적으로 덜 생각한다. 노후 준비는 다만 경제적인 준비뿐 아니라 삶의 모든 부분에서 이루어져야 한다.

'개미와 베짱이'는 그만

개미와 베짱이가 등장하는 이솝우화는 다들 알다시피 여름에 열심히 일한 개미가 겨울에는 편히 쉴 수 있는데, 여름에 게으름을 피운 베짱이는 겨울에 고생한다는 이야기다. 이야기를 조금만 현실에 놓고 생각해보자. 문제는 수명이다. 베짱이는 어차피 1년을 살지 못한다. 그리고 개미, 특히 일개미는 1년 정도 산다. 결국 일개미는 죽어라 일을 하다가 그 다음에 쉬는 것이 아니라 살아 있는 동안은 계속 일을 해야 한다는 얘기다.

여왕개미는 5~10년 산다고 하지만 사실 여왕개미도 살아 있는 한 계속 알을 낳아야 하니까 쉴 수 없는 건 매한가지다. 일을 한다기보다 살아 있는 것 자체가 일을 하는 것이다. 개미가 움직이지 않고 가만히 멈춰 있다면 이것은 쉰다기보다 죽었을 가능성이 많다.

열심히 일해서 미래를 준비한다는 교훈은 당연히 중요하다. 게으르거나 순간의 쾌락만 추구하는 삶은 미래뿐 아니라 현재도 망칠 것이다. 그렇지만 젊어 한철 열심히 일해서 노후를 대비한다는 것도 반쪽짜리 교훈이다.

어릴 적 나는 한국에서 자라면서 "공부도 때가 있다"는 말을 참 많이 들었다. 입시준비를 하는 자녀들에게 어른들이 많이 건네는 말이다. "나이 들면 머리가 굳어져서 공부가 안 되니까 젊을 때 해놔야 된다." 완전히 틀린 말은 아니지만 맞는 말도 아니다.

열아홉 살에 대학에 진학하기 위한 수능 공부를 한 것이, 60년 후 여든 살이 된 뇌에 얼마나 큰 영향을 미칠까? 환갑을 맞은 사람이 이후 20년 동안 어떠한 새로운 것도 배우지 않은 채 시간만 때우고 살았다면 뇌는 어떻게 될까?

인생의 후반전이 시작되었다. 시간이 정해진 스포츠와 달라서 이 경기는 언제 끝날지 알 수 없다. 심지어 전반전보다 더 길어질 수도 있다. 전반전에서 열심히 뛰었다고 해서 후반전은 가만히 벤치에 앉아 경기가 끝나기만을 기다릴 수는 없지 않은가.

개미와 베짱이의 교훈은 여름에 일해서 추운 겨울을 대비한다는 것이다. 여유가 있을 때 불확실한 미래를 준비하는 것은 너무나 중요한 일이지만, 젊어서 열심히 일해야 노후에 쉴 수 있다고 적용하는 것이 항상 맞는 것은 아니다. 노후를 '쉬는 기간'이라고 생각하는 것 자체가 모순이기 때문이다.

한철을 사는 베짱이의 삶과 1~2년 사는 개미의 삶을 그저 아이들이 읽는 우화로만 보고 넘어가도 사실 상관없다. 그러나 시간적 개념도 모순이요, 무엇을 향해 우리는 살아가는가 하는 생각에도 모순점을 던져주는 이야기다. 인간은 누구나 당연히 준비가 필요하다. 그렇지만 쉬기 위해서 인생을 달려가는 것은 아니다. 젊을 때 일해서 노후를 대비한다는 개념도 다시 생각해볼 필요가 있다. 대체 언제가 젊은 시절이고, 언제가 노후인가.

Now. Here. 삶은 지금 여기이다.

행복을 위해 주어진 시간은 현재뿐이다. 주어진 현재에 충실하게, 그렇게 오늘을 살고자 한다. 나는 은퇴하지 않을 생각이다. 지금 하는 일을 그대로 하겠다는 것이 아니다. 지금보다 더 나이 들었을 때에 또 다른 새로운 경험과 도전을 기대한다. 나이는 당연히 계속 들어가는 것이지만 나이가 들어도 새로운 기회가 있으면 두려워하지 않고 도전할 것이다.

은퇴의 갖가지 풍경들

친한 고등학교 친구 다섯 명이 만나 이런저런 수다를 떨며 즐거운 시간을 보내곤 한다. 그날의 수다는 나이 드는 것과 은퇴에 관한 주제였다.

"문제는 돈이야. 나이 들어 돈이 없으면 안 된다니까."

"그건 맞는데, 어떻게 의미 있게 살지는 돈만 모은다고 준비되지는 않잖아."

경제적 준비는 생존을 위한 필수 요건이다. 하지만 행복하고 의미 있게 살기 위해서는 계속 열정을 가지고 매일 새로운 삶을 만들어가는 것이 필요하다. 의사인 친구가 이런 이야기를 들려주었다.

"나 아는 외과 선생님 한 분이 있는데, 은퇴하고도 방을 빼지 않고 계속 병원에 나오는 거야. 결국 병원에서 내용증명까지 보낼 정도였어. 방 빼라고. 그때는 너무 어이가 없고 병원에서 다들 엄청 싫어했는데 사실 이해가 가기도 해. 아직 수술도 잘 할 수 있고 능력도 있는데 집에만 있으려니 괴로웠겠지."

친구는 계속 말을 이어갔다.

"그걸 보고 황당해서 자기는 그러지 않으려고 계획을 세웠다는 선생님 한 분이 있어. 자기는 은퇴 후 친구 몇 명끼리 모여 오피스텔이나 하나 렌트해서 매일 거기로 출근하기로 했대. 알바 하는 분이 아침마다 신문들 쫙 챙겨놓고…… 장기 둘 사람은 장기 두고, 컴퓨터로 주식 할 사람은 주식 하고, 그 알바 하는 분이 점심 주문 받아서 배달시켜 주고 퇴근하면 된다는 거야. 그리고 그 이후는 각자 자유시간으로 보낼 거래. 완벽한 계획 아니냐고 그러는 거야."

농담으로 듣기엔 꽤나 구체적인 계획이다. 그러나 이 계획은 미래를 어떻게 살아가야 할지 모른 채 그저 시간을 때우기만 하려는 전문직 종사자의 현실을 보여주는 것 같았다. 다른 친구들도 이야기를 꺼냈다.

"우리 외삼촌은 육십에 바리스타 자격증을 땄거든. 지금은 테이블 딱 하나 있는 아주 작은 1인 커피숍을 하셔. 근데 외삼촌이 워낙 사람을 좋아하고 말씀을 잘 하셔서 커피 마시러 오는 사람들과 이런저런 얘기 나누면서 너무 즐겁게 사셔. 물론 돈을 많이 버는 건 아니지만 경제적으로 약간은 도움이 되는 것 같아. 근데 사람들이랑 얘기하고 새로운 사람을 만나는 거, 그게 정말 좋은 것 같더라고."

"돈이 있다고 다가 아니라니까. 내 친구 시어머니는 80평짜리 고급 아파트에 혼자 사시는데 자녀들은 멀리 살고 왕래도 별로 없대. 특별히 하시는 일도 없다는데 너무 외롭지 않을까."

"그니까. 아는 분도 좀 힘들게 식당 일을 하시는데 자기는 차가 없어서 버스를 타기 때문에 다른 사람들과 마주치고 더 좋다는 거야. 힘들어도 할 일이 있어서 좋다고 하시던데."

미국에서 오랫동안 살다 온 나는 외국 친구들이 생각나서 덧붙였다. "내 독일 친구 브리기테는 은퇴하면 독일로 돌아가서 난민들을 도와주는 일을 할 거래. 독일 사람들은 나치 정권 때 세계에 너무 큰 죄를 지었다는 것 때문에 난민 문제 앞에 자기네는 무조건 받아들이고 도와야 한다는 생각이 강하더라."

은퇴라는 것은 그 순간부터 일과 삶을 멈추고 시간을 메꾸기만 하는 것이 아니라 매일 새로운 목표 아래 도전하며 살아가야 한다.

2020년 기준으로 국민 4명 중 1명은 60대 이상이다. 몇십 년 전까지만 해도 30세까지는 직업을 준비하고 그 이후 30년 간 열심히 일하면 노후라는 생각을 가지고 있었다. 그런데 이 제 그 이후에 이어지는 30년을 또 준비해야 한다.

이전에 노후준비라는 것은 나이 들어서 먹고 살 수 있는 경 제적인 준비를 해놓는 것이라고 생각하는 사람이 대부분이었 다. 그런데 노후의 기간이 평생 열심히 일하면 된다고 생각했 던 그 기간보다 훨씬 더 길 수 있다는 걸 알아야 한다. '길어진 나의 삶을 어떻게 살 것인가?' 전에 없던 구체적인 문제가 생 긴 것이다.

'동물과 구별되는 인간의 고유한 특성은 무엇일까'라는 질 문에 하버드대학교 심리학자 댄 길버트는 '자신의 미래를 기 대하고 상상하는 능력'이라고 답했다. 누구나 복권에 당첨되 면 무엇부터 할까 하는 상상을 한 번이라도 해보았을 것이다. 여행을 가는 것보다, 가서 뭘 할지 계획을 짜는 시간이 사실 더 즐겁지 않던가.

어린 자녀들에게 빼놓지 않고 물어보는 질문이 "너는 커 서 뭐 될래?"이다. 청년들에게는 미래의 계획을 세워야 한다 고 열심히 강조한다. 그런데 나이가 들어가면서는 더 이상 미 래에 대한 질문을 하지 않는다. 그리고 물어보는 사람도 없다. 노후가 이렇게 길어진 신인류의 시대에 인생의 모든 단계를 보는 패러다임도 그에 맞춰 바뀌어야 한다.

다음날 다섯 친구들의 단톡방에서 이런 대화들이 오갔다.

'어제 소원이가 은퇴 후에 시간 때울 생각일랑 하지 말고 목표를 가져야 한다는 말에 깊이 감동함.'

'나도. 난 지금도 시간을 때우는 게 많은데.'

20, 30대에는 스스로를 발전시키려고 노력하지만, 40대만 넘어가도 자기를 발전시키려는 노력보다 안정을 추구하려는 경향이 더 커진다. 은퇴 후 경제적으로 안정될 만큼 준비를 해 놓고 그런 다음 쉰다는 패러다임이 정녕 맞는 걸까? 65세에 은퇴하고 100세를 산다고 하면 35년이라는 기간 동안 쉬기만 하는 것이 정말 좋은 인생일까? 인생은 결코 결정되어 있는 게 아니다.

새로운 도전을 하는 것, 새로운 것을 배우는 것이 삶의 활력을 만든다. 똑같은 것을 되풀이할 때 뇌는 활동을 줄인다. 나이가 들어서 뇌가 굳어지는 것이 아니라 새로운 경험을 하지 않아서 뇌가 굳어지는 것이다.

나도 이제 50대에 들어섰다. 살면서 만난 많은 분들이 50대가 인생의 중요한 변화점이라는 말을 하곤 했다. 어떤 동료 교수가 "50대야말로 최고의 나이"라고 말한 것이 기억에 남는다. 커리어에 치여서 뭔가 내가 뒤떨어졌다는 조바심으로 그때까지 살아오다가 삶과 일을 다시 보게 되었다는 것이다.

가깝게 지내던 나의 이웃 중에 슈퍼맘이라고 생각될 만큼 헌신적으로 가족을 돌보고 가족 또한 크게 의지하는 엄마 한 분이 있다. 그 분은 오십이 넘어가면서 비로소 자유로워졌다는 말을 가끔 하곤 했다.

가족을 돌보는 것만큼 가치 있고 중요한 일이 또 있겠는가마는, 다른 사람들의 기대와 주어진 목표에 맞추어 살다가 나를 잃어버릴 수도 있음을 알아야 한다. 그 여성도 삶의 중반을 넘어서면서 자신에게 의미 있는 목표를 설정하고 삶을 재정비하기 시작한 것이다.

미래에 대한 대비는 현재진행형으로 이루어져야 한다. 우리 인생의 전성기는 지금 살고 있는 이 순간이다.

살아온 만큼 쌓이는 선물

"Count your age by friends, not years.
Count your life by smiles, not tears."

(지나간 세월이 아니라 만들어 놓은 친구로 나이를 세어라.

흘린 눈물이 아닌 웃었던 순간으로 삶을 세어라) - 존 레논

힘든 일이 있을 때 우리는 '이 또한 지나가리라'라는 마음

을 가지려고 한다. 현재의 고통도 잠시뿐이라고 생각한다면 이는 큰 위로와 희망이 된다. 삶이 영원한 것이 아니라는 것을 인식하는 것은 어려운 시간만이 아니라 행복한 시간도 순식간에 지나간다는 뜻이다. 다시 말해 삶에 한계가 있음을 인정하는 것은, 역설적으로 지금 시간의 소중함을 더 확실하게 알게 해주는 일이다.

노인들은 젊은 사람에 비해 정서적으로 더 복잡한 경험을 하는 경향이 있다. 무슨 말인가 하면, 즐거운 일이 있다고 마냥 즐겁기만 한 것이 아니라는 얘기다. 이 순간을 함께 하지 못하는 가족을 떠올리기도 하고, 기쁨과 슬픔을 동시에 경험하기도 한다. 마찬가지로, 슬픈 일이 있다고 슬퍼하기만 하는 것이 아니라 이전의 행복을 다시 소중하게 경험하기도 한다. 나를 힘들게 하는 사람을 미워하기만 하는 것이 아니라 안쓰럽게 생각하기도 한다.

나이가 들수록 사방으로 고립되어 외로워진다는 선입견이 있지만, 내면의 고요함과 평온함을 느낄 수 있다면 혼자 있는 시간도 얼마든지 의미 있고 행복하게 보낼 수 있다. 인생 경험을 통해 얻은 지혜는 나이를 먹으면서 늘어가는 소중한 재산이다. 지혜는 인터넷 검색으로 찾을 수 있는 지식이 아니다. 실제 경험을 통해서 얻어진 성숙이며, 정서적으로 나를 관리하고 인생의 중요한 의미를 찾을 수 있는 능력이기도 하다.

모든 노인들이 성숙한 것도 아니고 정서적으로 행복한 것도 아니다. 질병의 후유증으로 인한 우울증도 상당하고, 빈곤이나 사회적으로 소외된 계층도 무척 많다. 나이가 들어감에 따라 그에 따른 개인 간 격차가 더 커진다. 그러나 많은 연구에서 밝혀지듯, 젊은 사람들에 비해 노인들의 상대적 행복감이 더 높다는 사실은 예사로 보아 넘길 일이 아니다.

미래 시간에 대한 관점뿐 아니라 과거 시간에 대한 관점도 주관적인 삶의 질에 영향을 미친다. 사람들에게 그간 살아온 인생 중 어느 때로 다시 돌아가고 싶은지, 돌아가면 무엇을 어떻게 바꾸고 싶은지 물으면 많은 경우에 '지금보다 조금 더 젊은 시절'로 돌아가고 싶다고 말한다. '아주 어릴 적'으로 대답하는 경우는 생각보다 드물었다는 얘기다. 80대의 노인들은 70대로 돌아가고 싶다 말하고, 70대는 60대로, 60대는 50대로 돌아가고 싶다고 한다. 70대의 노인들이 20대로 살아보고 싶다고 말하지 않는다. 이는 왜일까?

그 이유는 젊은 시절이 결코 쉬운 시절도 아니고, 더 행복한 시절도 아님을 알기 때문이다. 사람들이 지금보다 조금만 더 젊기를 희망하는 이유는 현재 중심의 관점에서 삶을 보기 때문이다.

미국에 살 때 쉰의 나이에 2년제 간호대학에 진학해서 간호사가 된 친한 지인이 있었다. 그 당시 자기가 너무 나이가 많은 게 아니냐고 걱정이 한가득이었는데 막상 입학하고 보니 자신보다 더 나이가 많은 클래스메이트들도 있다는 사실을 알게 되었다. 지인보다 열 살이 더 많은, 예순의 나이에 공부를 시작한 한 클래스메이트는 이렇게 말했다고 한다.

"쉰 살이면 얼마나 젊어요! 내가 지금 육십이 아니고 오십이면 간호사 공부 말고 의사 공부를 하겠네요."

몇 년 후 지인은 한국으로 다시 돌아왔고 지금은 60대 중반이 되었다. 간호사 생활은 길게 하지 못했지만 쉰 살에 간호학 공부를 시작하던 시절이 인생에서 가장 행복했던 때라고 지금까지 이야기한다.

추억거리가 많다는 것은 삶이 풍요로워지는 데 적잖은 역할을 할 수 있다. 긍정적인 성품을 가지고 있다면 행복한 기억은 되살리고 힘들었던 기억은 한 발짝 떨어져서 여유 있게 바라볼 수 있다.

'이미 삶에서 이루어놓은 것이 많다'는 점은 나이가 들수록 행복의 비결이 될 터이다. 그러나 여기서 '이루어놓은 것'이라 함은 경제적인 성공이나 업적을 말하는 것이 아니다. 살아온 인생에서 얻어지는 경험은 그 자체로서 큰 의미가 있을 테니까 말이다.

. . . .

Carstensen, L. L., Shavit, Y. Z., & Barnes, J. T. (2020). Age advantages in emotional experience persist even under threat from the COVID-19 pandemic. *Psychological Science*, 31(11), 1374-1385.

Choi I, Kim JH, Kim N, Choi E, Choi J, Suk HW, et al. (2021) How COVID-19 affected mental well-being: An 11 week trajectories of daily wellbeing of Koreans amidst COVID-19 by age, gender and region. PLoS ONE 16(4): e0250252. https://doi.org/10.1371/journal.pone.0250252

2
뇌기능

사용하지 않으면 사라진다

당신의 기억을 믿지 마라

다음과 같은 문단을 읽어보자.

절차는 실제로 매우 간단하다. 먼저 정리항목을 다른 그룹으로 나눈다. 물론 하나의 더미로 충분할 수 있다. 할 일이 얼마나 있느냐에 따라 시설이 부족할 수 있어서 다른 곳으로 당신이 가야 할 수도 있다. 무리하지 않는 것이 중요하다. 즉 한 번에 너무 적은 양을 하는 것보다 너무 많은 양을 하는 것은 단기적으로는 별것 아닌 것 같지만 문제가 쉽게 발생할 수 있다. 실수도 할 수 있다. 처음에는 전체 절차가 복잡해 보일 것이다. 그러나 곧 그것은 삶의 또 다른 측면이 될 것이다.

즉각적인 이 작업의 필요성에 대한 끝을 예상해보자. 미래지만, 그때는 결코 장담할 수 없다. 절차가 끝나면 완성된 하나는 재료를 다시 다른 그룹으로 배열한다. 그런 다음 적절한 위치에 배치할 수 있다. 결국 그들은 한 번 더 사용되며 전체 주기를 반복해야 한다. 그러나 그것은 삶의 일부이다.

이 문단은 1972년에 심리학자 브랜스포드와 존슨Bransford & Johnson의 연구에서 나온 문단이다. 도대체 무슨 소리를 하는지 내용을 파악하기가 어려운 글이다. 어려운 단어를 쓴 것도 아닌데 무슨 말인지 알 수가 없고 기억하기는 더 어렵다.

그런데 이 문단의 제목이 '옷을 세탁하는 것'이라고 미리 나와 있다면 이야기는 완전히 달라진다. 내용이 쏙쏙 들어오고 이해가 될 뿐 아니라 다시 기억하기도 쉽다. 이때의 기억은 미세하고 구체적으로 하는 것이 아니라 줄거리와 요점만 기억한다. 그리고 이 기억을 다시 재생할 때는 그 줄거리와 요점에 맞추어서 나머지를 채워 넣으면 된다.

내가 살아온 이야기를 말하는 자서전적 기억도 왜곡되기 쉽다. 이런 기억은 목표와 관점을 위주로 이루어져 있다. 나의 관점과 목표에 일치하는 이야기를 형성한 후에 전후 맥락과 디테일을 편집하게 된다. 내가 나의 스토리를 이야기한 것을 바탕으로 변화시키기도 한다. 원래 기억은 왜곡될 수밖에 없다. 모든 기억은 '현재의 뇌의 활동'이다. 그러므로 현재의 뇌의 활동에 '다른 경험'이 연결되어 같이 활성화된다면 그 '다른 경험'까지 기억되는 것이다. 그런 점에서 기억은 마치 방송국 프로듀서가 여러 개의 촬영본을 모아 그것으로 편집을 하는 과정으로 보면 된다.

일반적으로 사건의 줄거리와 일부분만 기억할 때가 많고 나머지는 우리가 추론하고 잃어버린 조각들을 채워 넣는 경우가 많다. 그럼에도 이런 작업을 너무나 많이 하기 때문에 우리의 생각에 공백이 많이 있다는 것을 눈치 채지 못한다. 뇌는 실제로 알고 있는 사실과 추론한 바를 뒤섞어서 이야기를 지어내고도 이 두 가지를 엄밀하게 구별하지 못한다.

이는 나이가 들수록 이야기를 더 많이 지어내는 양상이 된다. 뇌의 기능은 느려지는데 수많은 기억들을 앞다투어 떠올리려다 보니 실제로는 일어나지 않은 일이거나 서로 무관한 일인데도 마음에서는 진실이라고 여기는 것이다.

이런 기억 테스트가 있다. 리스트에 있는 단어를 하나씩 화면에 보여준다. 보통 15개 정도의 단어 리스트를 사용한다. 단어를 모두 보여주고 난 후에 다시 단어를 제시하는데, 그 단어가 앞서 본 리스트에 포함되어 있는가를 물어보는 것이다.

간호사	치과	외과
질병	내과의	보건소
변호사	아픔	치료
의학	환자	병원
건강	사무실	청진기

이 15개의 단어를 보고 난 후에 잠시 동안 다른 인지 과제를 수행한다. 잠시 지연 시간을 둔 뒤에 단어를 다시 제시하는데, 이때 앞서 본 리스트에 이 단어가 있었는지를 대답하면 된다. 지연 시간은 여러 시간 간격으로 구분하여 테스트한다. 1분간, 7분간, 60분간, 또는 하루를 두기도 한다.

"앞서 본 리스트에 '병원'이 있었나요?"

"앞서 본 리스트에 '의사'가 있었나요?"

위의 리스트에 '의사'라는 단어는 없었다. 그러나 '의사'는 주어진 리스트의 주제와 일치되는 타깃 단어가 될 수 있다. 사람들은 이 리스트를 본 후에 '의사'라는 단어도 분명히 본 것으로 확신하기 쉽다.

이런 주제어를 잘못 기억하는 것을 무조건 기억의 오류라고만 말할 수는 없다. 우리는 사건의 일부만을 기억할 때가 많고 뇌는 논리적 추론으로 나머지 빈 조각들을 채운다. 이런 뇌의 활동은 기억에만 한정되는 것은 아니다. 시지각도 마찬가지다. 우리는 모든 환경의 시각 자극들을 처리하는 것이 아니라 꼭 필요한 정보들만 처리하고, 뇌는 과거의 경험들과 논리적 추론으로 나머지를 채우는 것이다. 뇌는 항상 이런 작업을 하고 있기 때문에 우리는 그런 공백을 감지하지도 못한 채 자신의 기억을 믿게 된다.

뇌는 환경에서 실제로 발견한 것과 추론한 것을 뒤섞어서 처리하고 우리도 그 차이를 구분하지 못할 때가 많다. 중심 내용을 찾아서 나머지 부분을 채우는 것이 기억의 기제이며, 있었던 일을 그대로 저장하는 것이 아니라 감각경험과 추론으로 재구성하는 것이 바로 기억이 된다.

일기나 회의록 등의 문서를 작성할 때 그날 있었던 모든 일을 적거나, 회의 때 오고 간 모든 일들을 빠짐없이 모두 기록할 수는 없다. 늘 일어나는 루틴한 일들, 다시 말해 옷을 입고, 세수를 하고, 문을 열고, 회의장에 문을 열고 걸어와서 의자에 앉고, 물병의 뚜껑을 열어 물을 마시는 등의 일들은 포함되지 않는다. 우리가 써 놓는 내용은 선택적이다. 내가 중요하다고 생각하는 것이나 나에게 흥미를 주는 것을 선택한다.

그뿐 아니라 내가 쓰는 내용도 정확한 것이 아닌 나의 관점이 반영된 글일 수밖에 없다. 회의장에 내가 싫어하는 사람이 있다면 그 사람의 행동이나 말투는 왜곡되어 처리될 수 있다. 내 몸은 회의장 안에 있지만 내 가족에게 중요한 일이 생겼다면 그 생각을 하느라 회의의 내용은 전혀 귀에 들리지 않았을 수 있다. 나중에 작성한 회의록을 보면 뭔가 빠진 내용들이 있는 것 같다. 회의 끝 무렵에 결정 사항들이 있다면 그 결정 사항에 맞추어 필요한 내용을 추론해서 회의록을 편집할 수도 있다. 나 말고 다른 사람도 회의록을 작성했다면 그 회의록을 보고 내가 쓴 내용을 보강할 수도 있고, 내 회의록은 파기하고 다른 사람의 회의록을 사용할 수도 있다.

기억도 이와 마찬가지로 작동한다. 우리는 선택적으로 기억하고 나머지는 나중에 기억을 출력하면서 맞추어 나간다. 나이가 들면서 편집된 기억은 더욱 많아진다. 뇌의 처리 속도는 나이가 들수록 느려지는데 경험한 기억은 더 많아지고 수많은 기억들이 뇌 활동 패턴의 흔적으로 남아 있는 것이다.

어떤 한 가지 정보를 생각하려고 할 때 여러 가지 기억들이 같이 발현되고, 이런 기억의 조각들을 연결해가면서 우리는 새로운 이야기를 만들어낸다. 우리의 기억 중 특히 자기 경험에 관한 기억은 목표지향적이고 관점지향적이다. 목표나 관점에 일치하는 정보를 가지고 전후맥락을 편집하게 된다. 실제로 일어나지 않은 일이지만 일반지식과 내 경험을 편집하여 삽입한 기억인데도 우리는 그것이 실제로 일어난 진실이라고 믿게 되기도 한다.

깜박하는 일이 많다고 치매가 아닐까 걱정할 때도 많다. 그런데 이런 일은 나이가 들어서 그런 것은 아니다. 젊은 사람들도 잊어버리기는 마찬가지다. 기억이란 모든 사람에게 애당초 완벽하지 않으며, 무엇보다 기억은 계속해서 변한다.

기억은 네트워크로 이루어진다

"자전거 탈 줄 아세요?"
"지난 주말에는 뭐 하셨어요?"
"이 동네에서 잘 알려진 맛집 있으면 알려주세요."
"뉴턴의 운동 방정식이 뭔가요?"
이런 질문들은 모두 기억하고 있는 바를 묻고 있지만 각각의 질문에 담긴 기억의 체계는 모두 다르다. 자전거를 타는 것, 젓가락을 사용하는 것, 키보드의 자판을 보지 않고 타이핑을 하는 것, 외우고 있는 곡을 피아노로 연주하는 것 등은 의식적으로 설명할 수 있는 것이 아니라 암묵적으로 기억하는 일들이다. 자전거를 타는 연속된 동작을 우리는 의식적인 움직임으로 구별하지 못한다. 지금 처음 피아노를 배우는 게 아니라면 피아노를 치는 각 손가락들의 움직임을 의식적으로 나누어 기억하는 것이 아니다. 이런 행동들은 암묵기억의 예시이다. 연속된 움직임은 하나의 단위로 묶여서 이루어지므로 우리가 의식하지 않더라도 몸이 기억하게 된다.

암묵기억과 달리 의식적인 유형의 기억을 외현기억이라고 한다. 외현기억은 두 유형으로 크게 나눌 수 있다. 역사적 사실이나 물리학의 법칙과 같이 일반지식과 관련된 기억을 의미기억이라고 한다. 의미기억은 내가 언제 배웠는지 기억하지 못하지만 우리가 알고 있는 일반적인 지식을 모두 포함한다.

이와 반대로 스스로가 경험한 구체적인 사건이나 에피소드를 알고 있는 기억을 일화기억이라고 한다. 내가 어제 무엇을 먹었는지, 누구랑 데이트를 했는지, 작년 여름에 여행하며 겪었던 일 등 내가 경험한 일화와 그 일을 경험했던 '나 자신'을 기억하는 것이 일화기억이다. 일반적인 지식을 알고 있는 것은 의미기억이지만, 그 지식을 알게 된 상황과 누군가 나에게 말해준 대화를 기억한다면 일화기억이 될 수도 있다.

위에 언급한 기억들은 장기 기억이지만 몇 초 정도 의식 속에 머무는 단기 기억도 있다. 단기 기억의 내용은 주의를 기울이고 반복하고 활용하면서 장기 기억으로 넘어갈 수도 있고 짧은 시간 후에 사라질 수도 있다. 대화를 할 때 앞에서 말하는 사람의 말을 들으면서 다음에 내가 할 말을 계획한다. 내가 말을 시작할 때도 이전에 앞사람이 한 말을 생각 속에 담고 있어야 다음 말을 연결해서 할 수 있다. 다음에 할 말이나 움직임의 목록들을 담고 있으면서 현재 활동이나 대화를 이루어나갈 수 있다. 이런 과정은 단기 기억이다.

이렇듯 기억은 한 가지 체계가 아니다. 과거의 일을 모두 저장해놓는 저장소가 뇌 안에 따로 존재하거나 정해진 것도 아니다. 기억에 중요한 역할을 하는 해마hippocampus와 내측 측두엽medial temporal lobe 같은 뇌의 영역은 기억의 과정을 지원하는 기관이지 기억을 쌓아놓는 저장소는 아닌 것이다. 해마는 공간에 대한 기억과 일부 외현기억을 지지하는 역할을 한다.

치매로 고생하는 환자들은 오래전 일보다 최근의 일을 더 기억하기 어려워하곤 한다. 오늘 점심에 무엇을 먹었는지, 오늘 날짜가 며칠인지를 기억하는 일보다, 수십 년 전에 있었던 일들을 기억하는 게 오히려 더 쉬운 그들이다. 치매 초기에는 최근의 일을 잘 기억 못 하다가 치매가 심해지면서 오래전의 기억까지도 서서히 감퇴하기 시작한다. 뇌의 내측 측두엽이 손상되면 특히 일화기억에 영향을 미치는데, 일화기억은 나 자신을 기억하고 있는 것이기 때문에 일화기억의 상실은 자아를 잃게 만든다고 생각할 수도 있다.

머릿속에 정보를 차곡차곡 저장하는 것을 '기억'이라고 생각하는 사람들이 많다. 그러나 뇌에는 기억한 내용을 저장하기 위한 장소가 따로 존재하지 않는다. 뇌를 구성하는 세포들의 역할이란 그저 불을 켜고 끄는 것밖에 없다.

크리스마스트리를 둘러싼 반짝이는 작은 전구의 불을 켤 때처럼 불이 켜진 패턴이 뇌의 배선을 이루면서 연결망을 만든다. 뇌의 배선은 멀리 연결되어 있는 경우도 있지만 국지적으로 신경세포들이 긴밀하게 연결되어 있기도 하다. 이 연결의 조각들이 순간적으로 다시 재구성되는 것이 기억의 기제이다. 즉 기억은 과거에 이루어진 연결망의 패턴을 현재에 만들어내는 것이다.

기억은 현재 활성화되는 신경세포들의 패턴이다. 그 연결망이 강화되어 있으면 다시 활성화되는 것도 용이할 수밖에 없는데, 그렇다면 똑같은 내용을 반복해서 읽는 것이 연결망을 강화시키는 결과일 것만 같다. 그런데 특이하게도 뇌는 똑같은 자극이 되풀이되면 반응을 줄이는 특성이 있다. 다양한 각도에서 연결망을 활성화시키는 것, 다시 말해 읽고, 쓰고, 말하고, 가르치고, 적용하는 다양한 활동이 오히려 더 효과적인 학습 효과를 준다.

어떻게 하면 기억력을 강화할 수 있을까 많은 사람들이 간절히 원하는 바인데, 그럴 때 나는 '다양한 연결망을 만드는 것'과 더불어 '인출 연습'도 권하고 있다. 공부하는 학생이 효율적으로 공부하기 위해 공부 그 자체도 중요하지만 실제로 시험을 자주 보는 것도 큰 도움이 되는데, 바로 이와 같은 맥락이다. 정보를 입력하는 과정과 출력하는 과정 모두에서 감각기관과 운동기관의 다른 활성화가 이루어진다는 점이다. 그래서 공부만 하는 것보다 시험도 동시에 경험해야만 출력 연습이 되는 것이다.

뇌에서 재구성된 패턴은 비슷하거나 관련되어 있는 다른 내용들과 헷갈릴 수도 있다. 새로 만난 사람의 이름을 외우는 것이 쉬운 일이 아니듯 말이다. 감각 경험도 그렇고, 말을 함으로써 인출하는 경험들도 그렇고, 모두 연결망의 패턴을 만들어서 기억의 기제를 만드는 일이다.

효율적인 기억을 위해서는 환경을 이용해 인지 부담을 분산시키는 방법이 있다. 가장 쉬운 방법으로는, 기억해야 할 것을 바로 바로 글로 써놓는 것이다. 메모지에 써놓을 수도 있고, 구글 캘린더 등 스마트폰에 써놓을 수도 있다. 글로 쓰는 과정은 기억해야 할 내용을 환경에 덜어놓아 과부하를 줄인다는 의미도 있지만, 감각 운동기관의 경험을 통해 더 깊이 뇌에 저장한다는 효과도 있다. 단순한 반복보다는 읽고, 쓰고, 다른 사람에게 가르쳐주는 등의 다양한 과정이 더 깊은 학습효과를 만든다는 것은 널리 알려져 있다.

나이가 들면서 새로운 것을 배우는 데 시간이 오래 걸릴 수 있다. 뇌의 노화로 인해 신경세포를 잃은 이유도 있고 정보 처리 속도가 느려진 탓도 있다. 그러나 쉽게 한 공부보다 어렵게 한 공부가 더 오래 기억된다. 오래 걸린다고 해서 새로운 것을 배우지 못하는 것이 아니다. 오래 걸려도 새로 학습할 수 있으면 우리의 뇌가 계속 기능하고 있다는 증거다. 기억력 때문에 스트레스 받을 필요는 없다. 변화하는 것을 받아들이고 선택하면서 적응해가면 되는 일이다.

시를 외워서 낭독하는 것, 새로운 노래를 배워서 부르는 것도 기억의 출력과정을 이용하면서 뇌를 움직이는 연습이다. 새로운 춤동작을 배우며 스텝을 외워서 밟아 나가는 과정도 매우 좋은 활동이다. 새로운 레시피에 따라서 요리를 하고 새로운 악기를 배워서 연주하는 것도 강하게 추천한다. 스스로 좋아하고 즐거워하는 과정일수록 기억의 뇌 기제를 더욱 크게 발달시킬 수 있다.

런던 택시기사들의 두뇌

해마는 단기 기억을 장기 기억으로 응고화하는 역할로 잘 알려져 있는 기억의 대표적인 영역이다. 기억은 한 가지가 아니라 다양한 종류가 있는데, 해마가 특히 중요한 역할을 하는 것은 개인의 경험과 관련된 일화기억 또는 자서전적 기억이다. 그런 해마의 또 다른 역할이 있으니 공간지각이 그것이다. 해마는 실제로 공간에서 돌아다닐 때 위치에 따라 활성화되는 뇌의 GPS 세포를 포함하고 있다. 신체활동이 기억력을 향상한다는 연구결과가 많은 이유가 여기에 있는 것이다.

2014년 노벨 생리의학상은 '뇌 속의 GPS'라고 부르는 장소세포와 격자세포를 발견한 영국의 존 오키프John O'Keefe 교수와 노르웨이의 에드바르 모세르Edvard Moser, 마이브리트 모세르May-Britt Moser에게 돌아갔다. 해마의 장소세포들은 일정한 장소에 가면 특히 활성화되는데, 내후각피질entorhinal cortex의 격자세포는 움직이면서 육각형 패턴을 이루며 활성화된다.

장소세포의 활성화는 공간에 맞추어 활동이 달라진다. 예를 들어 북서쪽 코너에서 활성화하던 장소세포는 공간을 옆으로 길게 늘리게 하여 바꾸어 놓으면 활성화되는 영역도 그에 맞추어 늘어난다. 남쪽 벽 근처에서 활성화하던 장소세포는 공간 내에 다른 벽을 하나 더 넣으면 그 벽 근처에서도 활성화된다. 공간지각에 중요한 역할을 하는 신경세포들은 공간의 형태에 맞추어 그 활동이 달라진다는 것이다.

신경학자 스콧 그래프턴Scott Grafton은 뇌와 마음과 신체의 움직임이 어떻게 상호 영향을 주는가를 강조하였다. 많은 인지심리학과 인지과학의 연구들도 감각과 지각이 움직임을 염두에 둔 기제라고 밝히고 있다.

기억과 움직임, 체화된 인지가 밀접한 관계를 맺고 있다는 것은 '영유아기 기억상실증'으로도 알 수 있다. 어렸을 적 기억할 수 있는 가장 최초의 나이는 언제인가? 한 살이 되어서 걸음마를 시작할 때를 기억할 수 있는가? 두 살이 되어서 몇 마디 말을 하던 때를 기억할 수 있는가? 대부분의 경우 여섯 살 이전의 일은 거의 기억하지 못한다. 생일파티며 가족들과 특정한 곳에 여행 갔던 일이며 놀다가 다친 일들이며, 몇몇 중요한 사건을 어렴풋이 기억하기는 하지만 아주 특별한 경우 말고는 거의 기억에 남아 있지 않다.

아주 어릴 때 일을 생생하게 기억한다고 주장하는 경우를 보면, 사실은 그 사건을 다시 언급하던 부모 형제와의 대화나 그때의 사진들을 통해 재구성된 기억을 나중에 다시 떠올리는 경우가 대부분이다. 이런 것을 영유아기 기억상실infantile amnesia 이라고 부른다.

기억이 공간 탐색을 위하여 만들어진 기제라면, 어린아이에게 기억이 없는 이유가 그들이 그리 많이 돌아다니지 않고 환경과의 상호작용이 많지 않다는 것이 이유가 될 수 있다. 어린아이들은 걸음마를 시작할 때부터 주변 공간을 열심히 탐색한다. 걸음마를 시작할 때부터 해마에서 신경화학 작용을 통해 장소세포와 격자세포가 환경에 대한 지도를 그리기 시작한다. 장소세포는 특정한 위치를 부호화하고 격자세포는 나와 환경이라는 두 위치의 관계를 삼각형으로 그리면서 전체적으로는 육각형의 구조로 공간 속의 위치를 부호화한다.

이런 공간 탐색을 통해 해마의 장소세포와 격자세포가 만들어지는 과정 속에서 기억이 만들어진다고 주장하기도 한다. 영유아기 기억상실에 관해서 이전의 이론은 언어의 발달과 더불어 세상에 대한 스키마 형성 때문이라는 주장이 우세했다. 그러나 최근 20여 년간 장소세포와 격자세포의 발견과 더불어, 해마가 공간지각과 관련이 있음이 밝혀지면서 공간지각이 기억에 미치는 영향에 대한 연구가 급증했다.

뇌졸중이나 낙상으로 움직이지 못할 때 인지기능이 급격히 저하된다는 것은 잘 알려져 있다. 활동량이 적은 노인들에게 기억력뿐 아니라 추론, 눈과 손의 협응, 문제해결 능력 등 전반적인 인지 저하가 자주 나타난다. 체화된 인지의 관점에서 우리의 인지 능력과 지각 능력은 정적인 능력이 아니라 환경과 활발하게 상호작용하면서 이루어지는 것이다. 어릴 때 정글짐을 타고 뛰어다니는 환경에서 자라면 인지기능이 발달하고 자기통제감과 주체성이 발달된다.

사람들은 나이가 들어가면서 필요 이상으로 활동을 줄이는 경우가 많다. 예전보다 움직임이 능숙하지 않고 불안정한 환경에서 다칠 수도 있다는 염려가 있다. 그러나 이런 이유로 활동을 줄인다면 노화를 더 촉진하고 뇌를 급격히 쇠퇴하게 만드는 것이다. 무리해서 몸에 부담을 주거나 필요 이상으로 활동을 줄이는 것이 아니라 나의 한계와 변화를 공정하게 평가

하고 계속 활동하는 것이 중요하다.

인간의 뇌는 사용하지 않으면 쇠퇴한다. "사용하지 않으면 없어진다(If you don't use it, you lose it)"는 표현은 운동선수들이 많이 하는 표현이지만 우리의 뇌기능도 마찬가지이다.

장소세포가 있는 해마는 기억을 만드는 영역으로 더 많이 알려져 있다. 치매로 쇠퇴하는 대표적인 뇌의 영역이 해마이다. 치매의 증상들을 완화시키기 위한 약들 중 널리 쓰이는 것은 해마의 활동에 영향을 미치는 신경화학물질인 아세틸콜린을 증진시키기 위한 것들이다.

그런데 이 해마가 공간지각을 연습하는 것으로 발달된다는 연구가 있다. 길이 무척 복잡하기로 유명한 영국 런던에는 블랙캡 운전기사들이 런던의 명물로 언급되고 있다. 이 운전기사들의 해마가 일반인보다 클 뿐만 아니라 경험에 따라 해마가 더 발달한다는 것을 밝힌 연구가 2000년에 발표되어 큰 이목을 집중시켰다. 인간의 뇌는 새로운 것을 배워감에 따라 형태를 바꾸면서 더 크게 발달한다. 환경과 경험이 마음과 인생을 변화시킨다는 사실을 또 한 번 깨닫는다.

기억은 순서대로 재생되는 비디오 같은 것이 아니다. 과거의 특정한 사건을 기억할 때 뇌 곳곳에 흩어져 있는 수많은 감각 시스템, 인지 시스템에서 여러 가지의 패턴을 다시 소환하게 되는데, 이때 단편적인 기억의 조각들을 다시 뇌에서 경험하는 과정에서 물리적 위치와 장소가 중요한 역할을 한다.

우리가 자서전적인 기억을 떠올리면 그 배경이 되는 공간이 항상 떠오르게 된다. 공간에 나의 시각을 기준으로 다른 내용들을 채워 넣는 것이다. 자서전적인 기억은 자아의 형성에도 중요하며, 기억이 없이 자아가 있을 수는 없다. 그런 기억의 중심에 공간이 있는 것이다.

나이 들수록 엉덩이를 가볍게

지하철을 타고 다니다 보면 머리가 하얗고 얼굴에 주름이 가득하신 할머니가 그 많은 계단을 착착 걸어 내려가시는 것을 보면 너무 멋지다는 생각이 든다. 나는 걷는 것을 워낙 좋아해서 지하철 한두 구간 정도는 늘 걸어 다닌다. 걸어 다니면서 이리저리 동네 풍경을 구경하는 것은 작은 즐거움이다. 새로 생긴 가게에 이런 물건을 파는구나 발견하는 것도 즐겁고, 달리기 하는 사람, 전화 통화하며 걷는 사람, 반려동물을 산책시키는 사람들의 평온한 모습을 보는 것도 즐겁다. 다들 이렇게 열심히들 살고 있구나…… 요즘은 장보는 것도 온라인 주문이나 마트에서부터 배달을 받는 경우가 많지만 나는 직접 동네 시장에 나가 채소랑 과일을 사들고 한 바퀴 둘러보고 오는 것을 좋아한다.

뇌과학과 인지과학에서 말하는 유산소운동과 신체활동의 중요성은 아무리 강조해도 지나치지 않다. 신체활동은 인지기능에 결정적인 역할을 하기 때문이다. 몸을 움직이지 않으면 뇌는 퇴화될 수밖에 없다. 정신건강에도 신체활동은 중요하다. 걷거나 뛰는 것이 우울증을 막는 데 도움이 된다는 것도 이미 알려진 사실이다.

고령자들 가운데 부상을 당하거나 질병으로 신체활동을 못하게 되면 인지기능이 갑자기 떨어지는 경우를 많이 보게 된다. 젊은 시절보다 신체적으로 강하지 못하다는 것에 침울해하는 경우도 있다. 그렇지만 나이가 들어서도 20대와 똑같은 체력일 필요는 없다. 나이가 들어도 근육은 얼마든지 발달시킬 수 있고 뇌 또한 유연함을 유지할 수 있다. 그런 점에서 나에게 길을 걷는 시간은 큰 즐거움이자, 뇌를 계속 자극하여 젊고 건강한 뇌를 만드는 과정이기도 하다.

공부할 때 많은 이들은 '엉덩이를 오래 붙이고 앉아 있어야' 제대로 학습하고 기억할 수 있다고 믿는다. 그러나 나이가 들어갈수록 이런 상황은 오히려 반대가 된다. 엉덩이가 가벼워야 머리가 퇴화하지 않는다는 얘기일 것이며, 튼튼한 허벅지가 장수의 비결이라 일컬어지는 이유이기도 하다. 나이가 들어갈수록 신체의 움직임이 인지기능과 직접적인 연관을 보이듯 몸을 움직여야 뇌가 퇴화하지 않는다.

하루에 30분 유산소운동을 권한다. 운동이라기보다 생활체육이라 표현하는 것이 맞을 것 같다. 수많은 상품이 배달 가능한 시절이지만 마트에 걸어가서 우유 한 팩을 사들고 오는 것도 유산소운동이다. 물론 뇌의 인지기능에 도움이 될 정도의 유산소운동 효과를 보려면 요구되는 양상은 좀 달라진다. 심장박동이 빨라지고 살짝 숨이 찰 만큼은 강도 있게 움직여야 한다는 얘기다.

운동의 강도를 구별하는 것이 애매하다면 다음과 같은 설명이 도움이 될 것이다. 운동하면서 동시에 노래를 부를 수 있다면 이는 낮은 강도의 운동이다. 운동을 하는 중 말은 할 수 있지만 숨이 차서 노래를 부르는 것까지는 불가능하다면 이는 중강도 운동이라 할 수 있다. 한두 마디의 외마디 대답은 가능하지만 문장으로 대답할 수 없다면 이는 고강도 운동이다. 유산소운동의 효과가 있으려면 중강도 또는 그 이상으로 운동을 해주어야 한다. 그러나 나이가 들수록 무리한 운동은 피해야 하므로 체력 관리가 잘 되어 있는 경우라면 몰라도 그렇지 않다면 고강도 운동은 피할 것을 권한다.

최근에는 나이가 들어서도 뇌의 발달과 인지기능 향상을 위해 운동이 꼭 필요하다는 연구가 쏟아져 나오고 있다. 피츠버그대학의 커크 에릭슨Kirk Erickson 교수팀의 연구에서는 장년층의 연구 참여자들이 6개월에서 1년 동안 일주일에 세 번씩 중강도의 유산소운동을 했더니, 뇌에서 새로운 기억의 형성에 관여하는 해마의 부피가 2퍼센트 정도 증가된 것을 발견했다. 연구자들은 이런 변화가 곧 뇌의 노화를 1~2년가량 되돌리는 격이라고 설명한다.

운동이 인지기능을 향상시키고 특히 기억력과 관련된 해마의 연결성을 늘린다는 연구는 계속 쏟아져 나오고 있다. 신체적 운동과 지적능력의 관계를 이야기할 때면 꼭 이런 질문(혹은 반박)을 해오는 분들이 있다.

"그럼 앉아서 공부만 하는 학생보다 운동선수가 더 공부를 잘 해야 하는 거 아닌가요?"

반박은 이런 질문으로까지 이어지기도 한다.

"그럼 스티븐 호킹처럼 몸을 움직일 수도 없는데 천재적인 업적을 낸 인물은 뭐라 설명할 수 있나요?"

오랜 시간 가만히 앉아서 공부만 하는 학생보다, 밤낮 없이 몸을 움직이는 운동선수가 공부를 훨씬 더 잘해야 할 텐데 왜 그렇지 않느냐는 의문이 충분히 생길 수 있다. 아무래도 이런 생각은 입시와 학교성적이 지적능력을 대변한다고 믿는 한국 교육의 영향 때문이 아닐까 싶다. 신체활동이 중요하다는 말은 모두 운동선수가 되어야 한다는 뜻이 아니다. 운동선수가 아니라도 모든 사람들이 활발한 신체활동을 하는 것이 신체적, 인지적, 심리적 건강에 결정적으로 중요하다는 사실이다.

게다가 스티븐 호킹과 같이 신체 문제를 기술로 보완하도록 지원하는 의학·공학적 팀을 가지고 있는 몇몇 천재의 경우를 일반화할 수는 없다. 건강과 행복을 어떻게 해야 가장 잘 유지할 수 있는가의 문제는 개개인의 삶 속에서 바라보아야 한다.

근본적으로 뇌는 문제를 해결하는 기기라고 할 수 있다. 그리고 뇌의 문제해결 능력은 변화하는 환경 속에서 적응하고 번성하기 위한 것이다. 뇌의 기능 가운데 운동이 중요한 가장 명백한 이유는 첫째로 운동으로 인해 피에 산소를 공급할 수 있다는 것이다. 혈액 속의 헤모글로빈이 운반하는 산소와 결합한 포도당이 에너지를 공급하여 뇌를 작동시킨다. 그런데 이런 기제로 이해할 수 있는 것은 운동이 뇌에 끼치는 전반적이고 단기적인 효과이다. 단순히 산소를 공급한다고 해서 뇌의 특정한 기능이 향상되는 것은 아니다.

운동이 뇌에 미치는 두 번째 이유가 결정적인 뇌의 기능을 설명해준다. 뇌는 환경을 헤치고 그 안에서 살아남는 것이 목적이기 때문에 문제해결을 위한 도전을 받을 때 가장 활발하게 기능한다는 점을 알아두어야 한다.

....

Bransford, J. D., & Johnson, M. K. (1972). Contextual prerequisites for understanding: Some investigations of comprehension and recall. *Journal of verbal learning and verbal behavior, 11*(6), 717-726.

O'Keefe, J. (2014). Spatial cells in the hippocampal formation. *Nobel Lecture on, 7.*

Moser, E. I., Kropff, E., & Moser, M. B. (2008). Place cells, grid cells, and the brain's spatial representation system.Annu. *Rev. Neurosci.,31*, 69-89.

Grafton, S. (2020). Physical Intelligence: The Science of how the Body and the Mind Guide Each Other Through Life. Pantheon.

Erickson, K. I., Voss, M. W., Prakash, R. S., Basak, C., Szabo, A., Chaddock, L., ... & Kramer, A. F. (2011). Exercise training increases size of hippocampus and improves memory. *Proceedings of the National Academy of Sciences, 108*(7), 3017-3022

Barrett, L. F. (2020). Seven and a half lessons about the brain.

Dede, A. J., & Smith, C. N. (2016). The functional and structural neuroanatomy of systems consolidation for autobiographical and semantic memory. *Behavioral Neuroscience of Learning and Memory*, 119-150.

3

생체리듬

아침형 인간만이 정답은 아니다

나의 신체주기 패턴을 파악하라

나이가 들수록 기억력이 나빠진다는 말이 사실일까? 아침에는 정신이 빠릿빠릿하지만 오후가 되면 주의집중도 안 되고 자꾸 잊어버린다면 우리는 스스로 기억이 쇠퇴했다고 결론 내려야 하는 걸까? 그럼 정말로 기억이 쇠퇴했다면 아침에는 왜 괜찮은 걸까?

기억과 노화에 관한 전통적인 연구에서는 젊은 사람들과 노인들을 실험실로 초대해서 기억 과제를 주고 그 수행을 비교하는 방법을 많이 사용했다. 예를 들어 단어 열 개를 말한 다음 이를 순서대로 다시 말해보라고 주문하는 언어 단기회상 과제가 있다. 단어보다 숫자 몇 개를 주고 되풀이하는 과제는 더 어렵다. 단어는 의미를 수반하여 다른 뇌의 네트워크를 함께 사용할 수 있지만 숫자는 내 생일이라던가 중요한 연도나 주소 등 다른 의미가 있는 경우가 아니면 긴 리스트의 숫자를 단기 기억으로 유지하기는 어렵다.

이는 좀 더 단기 기억에 과부하를 주는 숫자 리스트를 주고 거꾸로 순서대로 대답하도록 하는 테스트이다. 숫자 외우기 digit span 는 노화와 기억력 평가에 많이 사용되어 왔다. 숫자 외우기를 순서대로 외우는 경우 "1, 4"를 들으면 "1, 4"라고 대답한다. "6, 9, 3"을 들으면 "6, 9, 3"이라고 외워 답하면 된다.

하지만 "9, 7, 5, 4, 2, 3, 5, 1, 6, 8"이라는 숫자 리스트를 따라 외워보면 만만한 과제가 아님을 알 수 있다. 주어진 숫자를 거꾸로 외워 대답하는 것은 더 어렵다. "2, 7, 4"를 들으면 "4, 7, 2"라고 대답하는 과제이다. "5, 7, 9, 3, 1"을 듣고 "1, 3, 9, 7, 5"라고 대답하는 것은 고작 다섯 개의 숫자일 뿐이지만 결코 쉽지 않다. 거꾸로 외워 대답하는 과제에는 숫자 리스트를 듣고 그 리스트를 단기 기억으로 유지하면서 이를 다시 조작하여 거꾸로 대답하는 두 가지 작업을 이행해야 한다. 단순히 저장한다는 의미보다 작업을 해야 한다는 의미로 작업기억이라는 개념으로도 많이 사용된다.

이런 단기 기억 용량은 나이가 들면서 줄어드는 경향이 있다. 그렇다고 해서 기억력이 떨어졌다고 전반적으로 말할 수는 없다. 30년 전 학창 시절에 함께 했던 친구들도 기억나고, 어릴 때 즐겨 놀던 게임도 기억한다. 내 자녀를 힘들게 했던 사람도 기억하고 고마웠던 일도 기억한다. 일단 장기 기억으로 전환된 오래전 일을 더 잘 기억하지만 그렇다고 새로운 기억을 형성하지 못하는 것도 아니다.

숫자 외우기는 외현적이고 의식적인 기억을 평가하는 검사다. 그러나 기억은 의식적으로만 이루어지는 것이 아니다. 우리가 어떤 사람과 처음 만나서 서로 이름을 소개하며 잠시간 대화를 나눴다고 가정해보자. 이때 여러 가지 상황들이 기억이라는 기제로 뇌에 흔적을 남길 수 있다.

가령 의식적으로 떠오르는 이유가 확실치는 않으나 상대방에게 왠지 호감이 가지 않을 수 있다. 그 사람의 외모나 말투, 혹은 무언가가 나를 불편하게 했던 이전의 다른 상황을 연상시켜서 부정적인 정서를 일으킬 수도 있고, 그 사람을 만났던 장소나 정황이 암묵적인 메시지를 만들 수도 있다. 혹은 그 사람의 이름이나 나누었던 대화의 내용은 의식적으로 기억이 나지 않는다 하더라도 그 사람과의 만남이 다른 상황에 영향을 줄 수도 있다.

인지과정은 하루의 일주기(日週期, Circadian rhythm)의 영향을 받는 것으로 알려져 있다. 아무리 내가 똑똑한 사람이라 해도 한밤중에 극심한 피로감과 잠이 쏟아진다면 밤의 인지 수행은 정신이 맑은 낮 시간의 수행과는 엄연히 다를 수밖에 없다. 이런 신체주기의 패턴은 사람마다 다르다. "나는 아침형 인간이야"라고 표현하는 것처럼 말이다. 물론 운동 여부에 따라, 그리고 식사시간을 규칙적으로 한다던가 잠자리에 드는 시간을 바꾸면서 일주기는 어느 정도 조절이 가능하다.

그러나 이런 일주기는 나이가 들어가면서 변하는 수면의 질과 패턴에도 영향을 받는다. 나이가 들면서 초저녁잠이 많아지기도 하고 새벽에 일찍 깨는 경우가 많아진다. 결국 이런 일주기로 인해서 하루 중 어느 시간대에 각성 수준이 제일 높아지는가가 달라진다. 이때 특히 젊은 성인들이 오후나 저녁 시간에 각성 수준이 더 높았다면 노인들의 경우엔 새벽이 각성의 피크 타임일 수 있다. 대학의 연구소에서 연구 참여자들을 모집해 오후 시간을 이용하여 실험을 진행한다면, 젊은 사람들과 피크 타임이 다른 노인 참여자들에게는 인지과정을 평가하는 좋은 방법일 수 없다.

미국에서 인지노화를 연구하면서 연구에 필요한 참여자를 모집할 때 이런 대화를 종종 했었다.

"연구에 자원해주셔서 감사합니다. 월요일 편한 시간에 연구소를 방문해주시겠어요?"

"연구소가 아침 몇 시에 여나요?"

"일찍도 열 수 있습니다."

"그럼 아침 6시에 가도 되나요?"

"아, 그 시간은 좀……."

"그 시간이 너무 이르면 아침 8시는 되나요?"

"연구원들이 그때 못 나오는데 혹시 10시 이후나 오후에는 안 될까요?"

이런 일들이 되풀이되자 연구자들은 이 피크 시간이 그냥 단순히 새벽잠이 없어서 일찍 일어나는 문제만은 아닐 수도 있다고 생각했다. 그래서 각성의 피크 시간이 서로 다른 연구 참여자에게 '각각 다른 시간대에 기억과제를 주면 어떻게 될까' 하는 실험들을 진행했다.

저녁 유형의 젊은 사람과 아침 유형의 노인들을 비교했을 때 최적 시간보다 비최적 시간에 암묵적 기억의 수행 능력이 더 높다는 결과를 발견했다. 이는 외현기억의 수행이 최적 시간에 높고 비최적 시간에 낮은 것과 반대되는 결과이다. 이런 연구결과는 개인의 최적 시간대에 따라서 기억의 수행이 달라질 수 있다는 사실을, 더불어 암묵기억이 외현기억과 다른 기제라는 사실도 알려준다.

암묵기억과 외현기억은 단지 다른 기억 체계일 뿐 아니라 서로 경쟁하는 관계이다. 이토록 두 기억이 서로 방해를 주고받기도 한다는 것은 움직임을 예로 들면 바로 수긍이 간다. 자동화된 근육의 움직임을 의식적으로 조절하려 하면 연속된 동작을 오히려 망치기 쉽다. 우리의 뇌는 의식적인 제어가 필요하지 않은 경우 자동적으로 기능하도록 돌려놓음으로써 뇌가 더 효율적으로 활동하게 된다.

외현기억은 나이가 들면서 손상을 입더라도 암묵기억은 나이에 관계없이 기능한다는 연구들이 나오면서 "나이가 들면 기억력이 떨어진다"는 말은 기억의 일부 기제에 해당하는 것일 뿐, 연구방법론에 의해 기억력의 평가는 크게 영향 받는다는 것을 알게 되었다.

뇌에 과거의 일들을 저장해 놓는 저장소가 있는 것은 아니다. 인지과학에서 기억의 저장이라는 개념을 사용하는 것은 그 기제를 설명하기 위한 것이지 뇌의 영역을 말하는 것이 아니다. 저장소는 아니지만 기억의 일부 과정을 지지하는 중요한 뇌 영역으로서 해마와 내측 측두엽은 이미 널리 알려져 있다. 해마와 내측 측두엽은 뇌의 노화에 영향을 받는 곳으로, 특히 치매와 같은 질병으로 인해 결정적으로 쇠퇴하는 부위이다. 이 영역은 주로 외현기억의 형성에 관여하기 때문에 이 부분이 손상을 입어도 암묵적 기억은 정상적으로 기능할 수 있다.

생체리듬 활용하기

나이가 들면서 아침잠이 없어져 새벽에 일어난다는 어르신들이 제법 많다. 미국 사회에서 일반적으로 인식하는 '실버 스페셜 해피 아우어'는 오후 4시를 말한다. 노인들은 점심 후에 낮잠을 주무시는 경우도 많고, 혹은 일찍 잠자리에 든 뒤에 한밤중 자주 깨기도 한다. 그런데 이런 하루의 생체시계 또는 생체리듬의 변화를 자세히 살펴보면 건강과 인지기능에 대해 배울 수 있는 지점이 많다. 중고등학생들의 경우 아침 일찍 일어나는 것을 힘들어하기 마련인데, 실제로 새벽부터 학교나 학원으로 가기 위해 억지로 일어나는 것은 신체적, 심리적 건강에 문제를 일으킨다.

아침 일찍 기억력 검사를 하면 노인과 젊은 사람의 차이가 거의 나타나지 않는다. 하지만 우리 신체는 하루를 지나면서 체온도 변하고 각성 수준과 주의집중 능력도 변하며 혈장 도파민 수치도 변한다. 배고파지는 시간과 소화하는 기능도 변한다.

생체리듬과 인지기능의 관계는 그냥 무작위로 변하는 것이 아니고 수많은 생리 과정과 밀접한 관계를 가지고 있다. 규칙적인 생활이 중요한 이유가 여기에 있는 것이다. 식사시간이나 수면시간이 매일 달라지거나 생체시계와 어긋나는 생활을 하면 당뇨병, 우울증 등의 문제를 일으킬 수 있고 인지적 기능과 수행이 떨어질 수 있다.

나이가 들수록 외국으로 여행을 떠나는 일이 더 힘들어지는 것이 이런 점 때문이다. 시차 적응이라는 엄청난 상황이 주어지기 때문이다. 젊고 신체 능력이 피크에 달한 운동선수들이라 하더라도 지구 반대편에 가서 경기를 한다면 미리 현지에 머물면서 시차 적응을 하는 것이 필수다. 연구 결과에 따르면 동쪽으로 여행을 가서 시간이 당겨질 경우, 한 시간 당겨지는 데 있어 하루의 시차 적응시간이 필요하다고 한다.

서쪽으로 여행하여 시간이 늦추어지는 것은 좀 더 수월하다. 한 시간 늦추어지는 데 한나절 정도의 시차 적응시간이 필요하다고 한다. 서울과 8시간 차이가 나는 로스앤젤레스로 여행을 간다면 8일 정도의 시차 적응시간이 필요한 셈이다. 그러나 로스앤젤레스에서 서울로 돌아올 때는 4일 정도면 적응이 된다. 8시간가량 시간이 앞선 곳으로 여행을 간다면 출발하기 며칠 전부터 빛에 노출되는 시간, 자는 시간과 식사 시간을 조절해서 몸에 무리가 가지 않도록 미리 시차적응을 하는 것도 좋은 방법이다.

언제부턴가 흔히 "아침형 인간" 또는 "저녁형 인간"이라는 표현을 쓰고 있다. 사람들에 따라서 신체시계가 다른 것이 사실이다. 아침형 인간이 더 성공한다는 주장도 많이 있었지만 자신의 신체리듬에 맞추어 최적의 생활을 하는 것이 이상적이다.

나이가 들수록 여러 가지 신경화학물질과 호르몬의 분비가 전반적으로 감소하게 되고 생체시계의 기능도 더불어 떨어지는 것은 당연한 결과다. 그러나 젊은 사람이라고 해도 생체시계의 기능이 떨어지면 90세 노인과 같은 일상의 리듬을 가지게 된다. 수면의 질이 떨어질 테고, 일어나는 시간과 배고픈 시간도 변화한다. 그러나 생체시계의 변화의 특징을 잘 이해하면 바람직한 일상리듬을 찾는 데 도움이 된다. 뇌에서 호르몬의 분비와 조절을 담당하는 시상하부 속의 시교차 상핵 suprachiasmatic nucleus은 24시간 하루의 일주기에 따라 반응하는 신경세포들의 집단이다. 그런데 그 리듬은 빛에 노출되는 정도나 수면, 식사 등에 의해서 재설정될 수 있다.

생체시계의 변화는 식사시간과 수면에 결정적으로 영향을 미친다. 각성과 수행에 있어 시각대가 미치는 영향은 나이가 들수록 더 커지는데, 60세가 넘어가면서 사람들은 기억, 공간지능, 추론, 운동 등 다양한 신경심리 테스트에서 시간에 따른 차이를 보인다. 오전에 시험을 실시하면 정상으로 나오지만 오후 늦게 시험을 실시하면 수행이 40, 50대에 비해 떨어지는 결과를 보인다. 이 차이는 70세가 넘어가면 더 커진다. 그러나 내재적인 생체시계의 역할이 떨어지더라도 환경의 규칙적인 단서(빛, 사회적 단서 등)와 활동(식사, 수면, 운동 시간) 등을 잘 적용하면 바람직한 생체리듬을 찾는 데 도움이 된다.

수면 리듬을 무시하면 안 되는 이유

일반적으로 사람들은 새벽 2시에서 4시 사이에 에너지 수준이 떨어지고 오후 1시에서 3시 사이에도 에너지 저하를 겪는다. 수면이 충분하지 않거나 수면의 질이 좋지 않을 경우 일상의 생체리듬이 깨지고 에너지의 회복이 이루어지지 않는다. 생체시계는 에너지 수준과 체온, 소화 속도와 멜라토닌 분비, 도파민을 억제하고 신체 리듬을 조절한다.

건강한 수면과 생체리듬을 위해서는 일정한 시간에 잠자리에 드는 것이 중요하다. 생체시계는 우리가 24시간 주기 안에서 일정시간에 잠자리에 들고 일정시간에 일어날 것이라고 예측한다. 그러나 불규칙하게 잠자리에 들면 이런 주기가 수면 시간과 어긋나면서 수면의 질이 떨어진다. 식습관도 수면에 중요하다. 잠자리에 들기 바로 전에 음식물, 특히 고지방 식품을 섭취하면 생체리듬이 뒤로 미루어지게 되면서 늦게까지 깨어 있게 된다. 잠자리에 들기 바로 전에 알코올을 섭취하는 것 역시 수면을 방해하는 큰 요인이다.

자연광도 수면에 중요한 역할을 한다. 지역에 따라서 겨울에 낮이 짧고 우중충한 기간이 길어지는 경우가 생기는데, 이럴 때 적지 않은 경우 계절성 정서장애seasonal affective disorder를 겪게 되어 계절성 우울증과 집중력이 저하되는 경험을 하게 된다. 겨울철처럼 낮이 짧아지는 시기가 되면 이런 증세를 해소하기 위해 새벽빛을 모방해서 만든 광선을 쐬는 광선치료를 하거나, 수면장애가 있는 경우에 규칙적인 수면을 위해서 멜라토닌 치료를 시행한다.

생체리듬의 손상과 알츠하이머의 상관관계를 보여준 연구들도 있다. 알츠하이머를 앓고 있는 환자라면 아침에는 괜찮다가 저녁때가 되면 혼란이 심해지고 기억력이 나빠지는 상황을 자주 겪게 될 텐데 이런 증상을 일몰증후군Sundowner's syndrome이라고 한다. 생체시계를 규칙적으로 유지하기 위한 광선치료와 멜라토닌 치료는 경도 인지장애나 알츠하이머 초기 증상을 보이는 경우에 인지기능을 향상시키는 효과를 보인다는 연구결과도 있다.

수면 위생을 위해서는 잠들기 전에 컴퓨터나 TV, 스마트폰 사용 등을 피하면서 밝은 불빛에 노출되지 않도록 하고, 정해진 시간에 잠자리에 들 것, 그리고 밤늦은 시간에는 카페인이나 알코올, 고지방 음식, 당분은 피하는 것이 좋다. 스마트폰이나 태블릿 PC에서 나오는 불빛이 멜라토닌 분비를 억제하여 수면장애를 유발할 수 있기 때문에 잠자리에 들기 한두 시간 전에는 전자기기를 사용하는 것보다 책을 읽는 것을 권한다. 늦은 오후나 이른 저녁때 산책과 같은 가벼운 운동을 하는 것도 규칙적인 수면을 위해 도움이 될 수 있다.

하루 만 보를 꼭 채워야 할까?

건강한 노화를 위해서는 활발한 신체활동이 필수이긴 하지만 이를 전문적인 운동과 동일시할 필요는 없다. 여러 연구를 통해 심하지 않은 가벼운 운동만으로도 인지기능이 향상될 수 있는 결과를 확인할 수 있었다. 노년기에 이루어지는 신체활동은 활발하게 세상과 상호작용할 뿐만 아니라 정신적으로도 활기 넘치도록 유지하는 길이다.

달리는 것도 좋지만 걷는 것으로도 충분하며, 걷기가 힘들어지면 지팡이나 보행을 위한 다른 보조도구를 사용해도 좋다. 집 주변을 편안한 속도로 걸어 다니는 것도 좋고, 대파 한 단을 사기 위해 집에서 조금 떨어져 있는 위치의 마트에 걸어서 다녀오는 것도 현명한 방법이다.

노르웨이 과학기술대학교의 운동생리학과 교수이자 기업가이고, 심장 운동 연구그룹의 책임자로도 활동하는 울릭 위슬뢰프Ulrik Wisløff는 사소한 신체활동도 뇌건강과 장수에 큰 변화를 가져올 수 있다는 연구결과를 발표해서 이 분야에 혁신을 일으켰다.

위슬뢰프는 일반인들이 적용할 수 있는 고강도 단기 프로그램을 개발했다. 이 프로그램은 한 번에 20분씩, 일주일에 세 차례 시행할 수 있는 인터벌 트레이닝으로 30초나 1분 동안 달리기, 계단 오르기, 자전거 타기를 한 다음 1분이나 2분 동안 천천히 마무리하는 동작을 10분 동안 되풀이하는 것이다. 짧은 시간 동안만 투자하는 이 프로그램은 심근경색이나 협심증 위험을 50퍼센트까지 줄이는 성과를 냈다.

미국의 캘리포니아주립대학 어바인캠퍼스와 일본의 츠쿠바대학교가 함께 이끄는 국제 연구팀은 최소한의 운동이 즉각적인 인지기능을 향상시킨다는 결과를 발표했다. 연구 참여자들은 실내자전거의 페달을 10분 동안 밟는 가벼운 운동을 하였고 대조군의 참여자들은 10분 동안 실내자전거에 그냥 앉아만 있었다.

그 이후 참가자들은 간단한 기억 테스트를 받았는데, 일상에서 볼 수 있는 식물이나 책상과 같은 물체의 컬러 사진들이 하나씩 컴퓨터 스크린에 제시되면서 테스트가 이루어진다. 총 196개의 사진들은 한 장에 2초씩 나타났고 사진들 사이에 0.5초씩의 간격을 두었다. 사진들을 보면서 참여자들은 이 물체가 실내에 있는 물체인지 실외에 있는 물체인지를 답변했다. 이런 실험방법은 사진에 주의를 기울이게 하는 절차인 것이다.

이어서 참여자들은 기억테스트로 컴퓨터 스크린에서 256개의 사진들을 한 번에 하나씩 보았고 이 물체들이 "새로운" 것인지 "이미 보았던" 것인지 아니면 좀전에 보았던 사진에 나온 물체와 "비슷한" 것인지를 대답해야 했다. 이 과정은 구체적이고 미세한 차이를 구별해서 기억해야 하기 때문에 결코 쉽지 않은 테스트이다. 우리가 일상에서 비슷한 이름들을 헷갈려하고 유사한 업무나 물건들을 정확히 기억하는 것을 어려워하는 상황과 마찬가지이다.

이 연구결과는 놀랍게도 10분 동안 자전거 페달을 밟는 가벼운 운동을 한 집단이 큰 차이가 나도록 높은 점수를 보였다. 연구자들은 이 실험을 다시 실시하면서 이번에는 기능적 자기공명영상fMRI 촬영을 같이 시행했다. 이 뇌 영상 연구를 통해 가벼운 운동을 한 집단에서 해마와 주변의 피질영역 — 가령 해마곁이랑parahippocampal gyrus, 각회angular gyrus, 방추이랑fusiform gyrus — 의 활동성과 기능적 연결성이 더 증가하는 결과를 얻었다.

특히 중요한 발견은 뇌 활동의 기능적 연결성이 더 향상될수록 기억과제 수행결과가 더 높아졌다는 것이다. 최소한의 가벼운 운동이라도 해마의 활동성과 주변 영역과의 연결성을 강화시켜 주고 이는 기억능력의 향상으로 나타남을 확인하게 된 것이 이 연구의 의미이다.

《뉴욕타임즈》는 최근의 기사에서 장수를 위해서는 하루에 7000~8000보 정도를 걷는 것, 또는 하루 30~45분 정도 자전거, 수영, 조깅, 배드민턴 등의 운동을 하는 것이 가장 좋다고 설명했다. 하버드대학교 역학 연구팀인 아이민 리I-Min Lee 교수의 연구를 보면 70대 여성들이 하루에 5000보 이상 걸었을 때 집단의 조기 사망률이 크게 감소했으며 7500보 걸었을 때 가장 효과가 크다고 나왔다. 매사추세츠대 애머스트 캠퍼스의 아만다 팔루치Amanda Paluch 교수 연구팀이 밝혀낸 바에 의하면 하루에 7000보를 걷는 것이 사망 위험률을 50퍼센트가량이나 낮춰준다고 한다. 9000보를 걷는 경우 사망 위험률이 70퍼센트까지 낮아졌다. 하지만 1만 보 이상 걷는다고 해서 추가적인 효과가 나타나지는 않았다. 결국 다른 연구들에서도 7000~8000보 정도의 걸음이 조기 사망률을 낮추는 데 가장 효과적이라는 결과를 보여주었다.

그런데 왜 스마트워치나 다른 웨어러블 기기들은 주로 1만보 걷기를 건강의 목표량으로 잡아왔을까. 그 이유는 만보기를 제조하는 업체의 상술과 무관하지 않다. 만 보 걷기는 1960년대에 일본에서 유행하였는데, 1964년 도쿄 올림픽 이후 일본에서 운동에 대한 관심이 높아지자 야마사라는 일본의 시계 부품 제조업체가 걸음수를 측정하는 기기를 만들어서 '만보 메타 manbo-meter'라고 이름을 지었다. 사람들 기억에 각인시키기 위해 만 보를 걷는 것이 건강을 증진시킨다며 광고하기에 이르렀고, 이후에 만 보 걷기가 마치 건강의 대명사인 듯 알려지게 된 것이다.

이런 최근의 연구결과들이 주는 시사점은 길지 않은 시간이라도 운동을 하면 일단 효과를 볼 수 있다는 점이다. 이전에 우리가 부담을 느끼며 생각만 했던 것에 비하면, 실제로는 그보다 적게 걸어도 오히려 장수하는 데 더욱 도움이 되는 필요 운동량이었던 셈이다. 짧은 시간의 운동이라도 우리의 인지기능에 충분히 도움을 준다. 시간이 없어서 운동을 못한다는 핑계는 소용없다는 얘기다. 늦었지만 이제라도 시작할 수 있을까 주저할 필요도 없다. 일단 지금부터 움직이면 된다.

커피는 되도록 오전에

《영국의학저널》은 2017년에 발표된 대규모 연구에서 커피가 건강에 이익을 준다고 밝혔다. 이전에 발표된 200개 이상의 연구를 분석한 리뷰 논문을 보면, 지나치지 않은 적당한 양의 커피를 마시는 사람들에게서 커피를 마시지 않는 사람들보다 심혈관 질환과 심장마비 및 뇌졸중을 포함한 모든 원인으로 인한 조기 사망이 감소함을 관찰했다.

커피의 건강에 대한 보호 효과 중에는 당뇨, 파킨슨병, 간경변증, 간암 및 만성 간질환도 포함되어 있다. 예를 들어, 30개 연구에 대한 메타분석에 따르면 하루에 커피를 5잔 정도 마시는 것은 제2형 당뇨병 위험을 30퍼센트 감소시킨다. 커피가 이렇듯 건강에 효과를 보이는 이유로 드는 것이 바로 커피에 함유된 폴리페놀이라는 항산화물질이다. 항산화물질은 세포를 공격하고 조직을 손상시키는 활성산소를 해가 없는 물질로 바꾸는 역할을 한다.

그러나 커피가 모든 사람에게 도움이 되는 것으로 단언하면 안 된다. 임신 중에는 카페인의 안전성이 불분명하고 과다한 커피 섭취는 불안감이나 신경과민을 일으키기 때문이다. 이런 연구에서 말하는 '보통의 커피 섭취'란 하루에 3~5잔 정도를 말하는 것이므로 이보다 더 많은 과도한 섭취는 사실 일반적인 경우라면 흔치 않다. 결국 과도한 커피 섭취로 인한 부작용도 흔하지는 않다는 얘기다.

커피가 건강에 좋다고 하지만, 그러나 언제 마시느냐의 문제는 또 다른 주의를 요한다. 수면은 건강에 절대적으로 중요한 요인인데 카페인이 수면을 방해할 수 있기 때문이다. 물론 사람에 따라 카페인에 관계없이 잠을 잘 자는 경우도 있긴 하지만 분명 과도한 커피는 수면에 큰 지장을 주는 건 사실이다. 카페인은 커피뿐 아니라 녹차, 초콜릿, 그리고 콜라 같은 탄산수에도 들어 있다. 일부러 잠이 들지 않으려고 카페인 함량이 높은 음료를 마시는 경우도 있지만, 카페인으로 인해서 잠들기 힘든 사람들이라면 오후에는 커피 등 카페인이 함유된 식품을 피하는 것이 좋겠다.

늦은 저녁 시간에 설탕 함량이 높은 음식을 먹는 것도 잠드는 데 방해가 된다. 몸에 좋다고 알려진 과일 중에서도 당분이 높은 것을 저녁에 먹으면 이 또한 숙면을 방해할 수 있다. 건강하게 살기 위해 남들이 추천하는 여러 좋은 음식이나 방법들을 듣겠지만 이러한 것들이 모두 나에게도 똑같이 좋을 거라 맹신하면 안 된다. 나의 체질과 여러 경험을 통해서 내 자신에게 맞는 방법을 적극적으로 찾고 적용시키는 노력이 필요하다.

....

May, C. P., Hasher, L., & Foong, N. (2005). Implicit memory, age, and time of day: paradoxical priming effects. *Psychological Science, 16*(2), 96-100.

"How much exercise do we need to live longer?" New York Times, Sep 15, 2021. By Gretchen Reynolds

Lee IM, Shiroma EJ, Kamada M, Bassett DR, Matthews CE, Buring JE. Association of Step Volume and Intensity With All-Cause Mortality in Older Women. JAMA Intern Med. 2019 Aug 1;179(8):1105-1112. doi: 10.1001/jamainternmed.2019.0899. PMID: 31141585; PMCID: PMC6547157.

Paluch AE, Gabriel KP, Fulton JE, et al. Steps per Day and All-Cause Mortality in Middle-aged Adults in the Coronary Artery Risk Development in Young Adults Study. *JAMA Netw Open.* 2021;4(9):e2124516. doi:10.1001/jamanetworkopen.2021.24516

Suwabe, K., Byun, K., Hyodo, K., Reagh, Z. M., Roberts, J. M., Matsushita, A., ... & Soya, H. (2018). Rapid stimulation of human dentate gyrus function with acute mild exercise. *Proceedings of the National Academy of Sciences, 115*(41), 10487-10492.

Wisløff, U., Najjar, S. M., Ellingsen, Ø., Haram, P. M., Swoap, S., Al-Share, Q., ... & Britton, S. L. (2005). Cardiovascular risk factors emerge after artificial selection for low aerobic capacity. *Science, 307*(5708), 418-420.

4

호기심

호기심을 욕망하라

기억력과 호기심의 관계

"나는 특별한 재능이 없다. 단지 열정적인 호기심이 있을 뿐이다." - 알버트 아인슈타인

호기심과 기억의 정도를 측정하기 위한 연구가 있었다. 60개의 상식 문제들을 주고 제시된 그 질문에 대해 얼마나 관심과 궁금함이 생기는지를 1점에서 10점으로 점수를 매기도록 했다. 더불어 이 문제들의 답에 얼마나 확신이 있는지도 1~10점의 척도로 평가하였다. 문제들의 예시는 다음과 같다.

- 동물 중에서 가장 적게 잠을 자는 동물은 무엇인가?

- 여성에게 투표권을 가장 먼저 준 나라는 어느 나라인가?
- 지구 대기권의 80퍼센트를 차지하고 있는 기체는 무엇인가?
- 다이너마이트의 원료로 사용될 수 있는 간식 종류는 무엇인가?
- 석유 다음으로 큰 용량으로 거래가 되는 무역 제품은 무엇인가?
- 한국에서 사용하는 화폐단위는 무엇인가?

(이 연구는 미국에서 진행된 연구임)[*]

이 연구에서는 각각의 문제에 대해서 각자 느끼는 호기심의 정도, 그리고 답에 대한 확신이 얼마만큼 있는지를 점수로 매긴 후 문제에 대한 정답을 잠시 보여주었다. 그리곤 다시 평가를 요구하는데, 이 문제들에 대한 호기심의 정도를 다시 평가할 것, 그리고 방금 확인한 정답을 스스로 얼마나 잘 기억할 수 있을 것인지를 추정하여 이 또한 1~10까지의 점수를 매길 것을 요구하였다.

60문제를 모두 풀고 정답까지 확인한 참여자들은 이전에 본 상식 문제들과 아무 관련이 없는 인지 과제를 한 시간 동안 수행해야만 했다. 그런 다음 상식 문제 60개 중 30개를 무작

---

[*] 정답은 차례대로, 기린, 뉴질랜드, 질소, 땅콩, 커피, 원

위로 골라 시험을 보았고, 연구 참여자가 미리 답을 알고 있었던 문제들은 제외되었다. 일주일이 지난 후 그들은 전화통화로 나머지 30개의 문제들로 다시 시험을 치렀다.

연구 참여자들 가운데 평균 연령 20세의 젊은 참여자들과 평균 연령 73세의 나이 든 참여자들이 포함되었는데 결과적으로 이 연구에서는 기억력의 연령별 차이는 나타나지 않았다. 노인 참여자들의 경우 궁금한 문제에 관해서는 일주일 후에도 답을 정확하게 기억하고 있었다.

즉 노인 참여자들에게 있어 호기심이라는 요인은 그들의 장기 기억에 유의미하게 영향을 미친 것이다. 그러나 호기심과 장기 기억의 상관관계가 젊은 참여자들에게는 나타나지 않았다. 정리하자면, 나이가 들수록 자신이 호기심을 갖고 있는 문제에는 아주 잘 기억하지만, 관심이 없는 주제라면 쉽게 잊어버리는 걸 알 수 있다.

이 연구결과는 나이가 들수록 호기심을 가져야만 기억을 높일 수 있음을 보여준다. 호기심을 가져야만 더 주의를 기울이게 되고, 주의집중이 높을수록 더 깊고 정확한 기억을 만든다. 인간이라고 해서 환경에 있는 정보를 모두 다 처리할 수는 없다.

뇌는 자원을 알뜰하게 분배해서 에너지를 아끼려는 의도를 지닌 기관이기 때문에 우리의 뇌는 정보를 선택적으로 처리한다. 이러한 선택적 정보 처리는 몸을 주어진 환경 안에서 생존하게 만들 뿐 아니라 스스로 주의집중까지 선택하도록 한다. 이때 호기심이라는 존재가 이런 주의의 방향을 의도적으로 정하는 기제가 되는 것이다.

욕망하라. 배우고 싶은 의지를

노화와 지능의 관계를 이해하려면 지능이 무엇인가부터 생각해야 한다. 뇌의 입장에서 지적 능력은 불확실한 환경에 적응하며 번성해서 살아가기 위한 것이다. 지능을 문제 해결 능력이라고 부르기도 하는 것이 이 때문이다. 해결하고자 하는 문제는 계산적이고 논리적인 문제뿐 아니라 대인관계, 감정조절, 신체적인 건강을 위한 문제까지 모두 포함하는 것이다.

뇌는 예측하는 존재다. 새로운 정보가 들어오면 이전의 정보와 연결해서 패턴을 찾는다. 뇌는 경험에서 패턴을 탐지하고 이 패턴으로 미래를 예측하고자 한다. 경험을 바탕으로 패턴을 찾고 미래를 예측하는 능력은 인생 경험이 많을수록 유리할 텐데, 나이가 들어가면서 활용할 수 있는 지혜가 바로 그런 능력으로 이어진다.

환경 속에서 받아들여지는 데이터는 뇌의 신경회로를 자극하고 신경세포들의 배선을 변경하면서 환경에서 살아남도록 뇌를 변화시킨다. 뇌가소성은 평생 동안 이루어지지만 나이가 들면서 변화하는 속도가 느려지고 뇌가 재형성될 수 있는 범위가 감소한다. 하지만 이전에 능숙하게 익힌 운동기능은 나이가 들어서도 보존되는 경우가 더 많다. 전문 음악 연주자의 경우 집에 가는 길을 찾지 못할 만큼 치매가 진행되어도 평생 동안 연주해온 곡을 계속 연주할 수 있다.

뇌의 노화를 늦추기 위해 우리가 할 수 있는 예방활동 중 하나는 새로운 것을 배우는 것이다. 나이가 들어도 새로운 분야를 얼마든지 배울 수 있다. 예전에는 뭔가 새로운 것을 배우거나 하면 '뭐 하려고 이제 그런 걸 배우냐'는 말을 들었다. 요리를 배우면 아이들 다 키웠는데 뭐 하러 배우느냐 묻고, 테니스를 배우면 그 힘든 걸 나이 들어 뭐 하러 배우느냐고 한다. '뭐를 하려'고 하다니. 요리를 배우면 그저 요리를 하려고 하는 것이다. 꼭 식당을 오픈하거나 가족들을 챙기기 위해서만 요리하는 것이 아니다.

배우는 것은 그 자체로서 너무나 큰 의미가 있다. 그저 시간을 보내기 위해서 배우는 것도 아니다. 내 살아온 시절이 짧았던 시기에 '배움'이라는 것은 입시와 직업을 위한 것으로 생각했다. 그러나 삶의 지나온 시간이 길어지면서 무언가를 배운다는 일은 그 자체로 내 삶을 지탱해주는 의미가 되어버렸다.

한국은 무엇이든 새로 배우기에 너무 좋은 나라다. 어릴 때부터 뭐라도 배우는 것이 좋다는 생각이 우리 국민의 문화 자체가 된 것 같다. 지역 관공서에서 하는 문화강좌들도 수준이 높고 훌륭하다. 지자체에서 하는 문화강좌의 강사진을 보면 그들의 화려한 경력 소개를 보며 놀랄 때가 많다. 은퇴한 후 재능기부라는 좋은 취지로 자신의 지식과 경험을 가르치고 있는 분들임을 바로 알 수 있다.

몇만 원 수강료만으로 수채화도 배울 수 있고 외국어도 배울 수 있다. 요가도 배우고, 공예도 배운다. 인문학 강좌도 흥미진진하다. 유튜브 동영상을 제작하는 것도 어르신들이 도전할 수 있다. 케이크 굽고 떡을 만드는 것도 인기강좌라 한다. 가야금뿐만 아니라 드럼 스틱을 들거나 기타를 배우기도 한다. 아마도 그들은, 더 많은 것들을 배우고 싶은데 시간이 없어 다 못 배우고 있다며 아쉬워할 것이다.

완벽하지 못하더라도, 배우는 데 시간이 오래 걸리더라도, 새로운 것을 배우는 것은 그에 따른 장점과 얻는 바가 너무나 크다. 악기를 배우면 잘 치고 싶고, 외국어를 배우면 능숙하게 언어를 구사하고 싶다. 잘 하고 싶은 마음은 인간이 무언가를 하게 만드는 동기 중에 가장 큰 부분을 차지하는 이유다. 무엇을 위해서가 아니라 잘 하는 것 자체에 의미를 두는 것이다.

잘 하고 싶다고 다 잘 하는 것은 아니다. 다 잘 할 필요도 없다. 하는 것마다 모두 능숙하게 해내는 사람이 과연 존재할까? 잘 하고 싶은 의지는 우리는 움직이게 만드는 기제이므로 다만 우리가 할 일은 그 마음을 포기하지 않는 것이다.

뇌의 보상 기제라는 도파민은 학습에도 관여하고 움직임에도 관여한다. 스스로에게 동기를 부여하게 하고 원하는 것을 완벽하게 배워서 능숙해지고자 하는 마음은 영리하게 나이 들어가는 데 절대적으로 필요한 소중한 기제이다.

놀이 예찬

어린아이들에게 '친구'가 무엇이냐고 물어보았다. 아이들은 "나랑 같이 노는 사람" 또는 "나에게 나누어주는 사람" 또는 "나를 때리지 않는 사람"이라고 대답했다. 같이 놀고, 나누어주고, 때리지 않는다는 이 세 가지는 아주 구체적이며 대표적인 친사회적 행동이다. 친구는 행동으로 나에게 잘 해주는 존재인 것이다.

아이들이 성장하면서 친구에 대한 개념은 좀 더 관계적이고 추상적으로 변하긴 하지만 기본적인 것은 변하지 않는다. 청소년기에 친구는 어울려 시간을 보내는, 믿을 수 있고 친밀한 존재이다. 친구는 나를 인정하고 지지해준다. 나도 친구를 도와주고 지지해주는 것을 배운다. 부모와의 관계와는 확실히 다른 사회적인 관계를 맺어나가는 것이다.

특별히 '놀이'에 대해 연구하는 과학자들이 있다. 놀이는 어른들이 하는 행동을 모델로 만든 것이지만, 경우에 따라 어린아이들이 하는 즐거움을 위한 것으로 과장되기도 하고 어색하게 변형되기도 한 것이다. 놀이는 지금 당장 쓰일 특별한 목적을 갖고 만들어진 것이 아니다. 동물들도 놀이를 한다. 놀이는 스트레스가 없는 상황에서, 현재 다른 중요한 일을 해야만 하지 않을 때 하는 것이다.

어린아이들이 놀이를 하지 않거나, 비정상적인 놀이를 한다면 신경병리학적인 질병의 신호가 된다. 스튜어트 브라운 Stuart Brown은 미국 텍사스 주에서 사형선고를 받은 죄수들을 찾아다니며 인터뷰를 했는데 그들이 어릴 때 어떤 놀이를 했는지 알아보기 위함이었다.

사형선고를 받은 죄수들은 반사회적 성격장애, 소위 말하는 사이코패스가 많았다. 그 죄수들을 인터뷰하면서 브라운은 놀라운 결과를 알게 되었다. 특이하게도 그들은 어릴 적에 '놀이'라는 것을 해본 적이 없었다는 사실이다.

생물학자 자크 판크세프Jaak Panksepp는 오랜 시간 동안 동물들의 생태와 관계를 연구하면서 그 결과 '놀이'라는 것은 동물의 기본 감정 중 하나라고 주장했다. 놀이는 엄연한 뇌의 활동으로서, 동물이 다른 동물과 더불어 어울리며 함께 하는 즐거운 활동이며, 낯선 사람과도 가깝게 연결되어가는 중요 행위라고 설명한다.

동물들의 경우 놀이를 못 하게 막으면 점점 더 난폭해지는 경향을 보인다. 동물들 중에서 특히나 어린 시절이 길고 큰 뇌를 가지고 있으며 넓은 사회적 집단을 누리는 동물일수록 놀이를 즐긴다는 것이다. 즉 사회적 연습이 되면서, 더불어 스트레스를 받지 않으며 무언가를 학습할 수 있는 가장 좋은 기제가 되는 것이 놀이이다.

스트레스 없이 즐겁게 경험해보는 삶의 시뮬레이션이자 사회적 학습인 놀이는 인간에게 있어 나이가 들수록 더욱 필수적인 조건이다. 계속적으로 뇌에게 부담을 주는 것이 아니라 놀이로 활동을 하면서 뇌를 자극하는 이치이다. 이미 자신은 세상의 많은 지식들을 다 알고 있기 때문에 더 이상 배울 것이 없다고 생각하거나, 혹은 나이가 들면 놀이와 같은 어린 애들이나 하는 행위는 품위가 없다고 말하는 것은 정작 자신의 소중한 뇌의 활동을 방해하는 결과만 가져다준다.

놀이는 꼭 필요하다. 새로운 놀이를 자꾸 배우면서 시도하는 것도 좋고, 사회적인 맥락에서의 놀이를 즐겨보는 것은 더욱 권하는 바다. 재미있게 살자. 재미있는 것을 찾아 즐기는 것이 뇌에도 좋다.

가장 아깝지 않은 투자

유명한 연구들 중에 이러한 조사도 있다. 복권에 당첨된 사람들을 찾아다니며 그들이 얼마만큼 행복한지를 추적하는 조사였다. 그런데 그 조사에서 발견된 사실은 다름 아닌, 나의 여러 가지 본질적인 모습들, 내가 좋아하는 활동, 가치, 목표, 약점까지 다 복권에 당첨되었다는 현실 하나로 모두 가려져 버렸다. 이 상황이 너무나 밖으로 드러나 버렸고 이 상황만 눈에 띈다는 것이다. 굉장한 미모를 가진 사람이라 하더라도 그 예쁜 모습이 꼭 득이 되지 않는 상황을 곳곳에서 만나게 되는 것처럼 말이다.

복권에 당첨된 것이 나의 본질처럼 되어버리는 경우가 적지 않다. 큰돈이 생기니까 주변에 사람들이 갑자기 많이 모여들고, 무언가 나에게 바라는 게 있어서 다가오는 것 같아 오히려 사람들을 더 피하게 된다. 실제로 복권 당첨자를 대상으로 미국에서 진행한 연구를 보면 대부분의 당첨자들의 삶은 결코 행복하지 않았다. 몇 년 내로 아주 큰 금액을 모두 탕진했다거나, 주변의 인간관계마저 엉망이 된 사례도 많았다. 어떤 사람은 남자친구가 원하는 모든 것들을 다 사주면서 종래는 마약까지 사들이며 손을 대다가 결국 인생을 망치는 길로 빠져버리기도 했다.

언젠가 어느 성공한 회사를 경영하는 60대 초반의 회장님을 만난 적이 있다. 그 분은 자신이 현재 만나는 친구가 한 명도 없다는 놀라운 말씀을 하셨다. 너무나 업무가 바빠서 친구를 만날 시간이 없어 그런가 보다 생각했었는데 이유를 들어보니 그게 아니었다. 사람들마다 자신에게 다가와 일과 관련된 부탁이나 요구를 해오는 경우가 대부분이어서 언젠가부터 친구들조차 아예 만나지 않는다는 것이었다. 그분의 이야기를 듣고 씁쓸함과 슬픔이 동시에 몰려왔다.

행복과 돈의 관계에 대한 연구에서 이런 결론을 이야기했다. 어느 정도까지의 수입은 행복에 영향을 주는 것이 사실이다. 그러나 어느 정도 이상의 수입이 되면 그 이후로는 돈을 버는 것과 행복은 그다지 관련이 없다는 것이다. 대부분의 연구들이 보여주는 결과였는데, 다시 말해 수입이 행복과 상관관계가 있는 것은 아니라는 얘기였다.

하지만 이런 조사에서도 예외적 내용이 있었다. 돈과 행복이 관련 있는 것으로 나오는 딱 한 가지 경우가 있는데, 그것은 돈을 어떻게 사용하는지의 내용이 행복의 유무를 결정한다는 것이다. 취미생활이나 자신의 즐거움을 위해 쓰는 돈의 액수는 행복과 분명한 상관관계를 보였는데, 특히 물건을 구입하는 즐거움보다 어떤 활동을 위해 기꺼이 돈을 지불하는 일 자체가 행복을 높여준다고 한다.

금전적 여유가 있어야 행복을 느낄 만한 활동을 할 수 있는 것 아니냐 반문할지 모르지만, 실제로 경험해보면 절대 그렇지 않다는 걸 깨닫는다. 돈이 많아야만 취미생활을 할 수 있는 것은 아니다. 우리나라의 수많은 문화센터에 가면 얼마 되지 않는 적은 비용으로 음악, 미술, 공예, 외국어, 요가 등을 배울 수 있다. 다시 말하지만, 나의 즐거움을 위한 활동에 투자하는 것이 곧 행복으로 가는 길이다.

뮤지션의 뇌는 무엇이 다를까

한국 사람들은 다 같이 모이는 자리에서 노래 부르는 것을 유독 좋아한다. 친구나 동료들과 노래방에 몰려가 한 사람씩 실력을 뽐내는 걸 보면 누구나 한두 개 이상의 애창곡은 가지고 있는 것 같다. 사교댄스를 하는 문화는 드물지만 의외로 춤을 잘 추는 사람들도 많다. 학교나 직장에 개설된 동아리들을 보면 항상 댄스 동아리는 가장 인기 있는 동아리 중에 하나다.

합창단이나 아마추어 밴드 활동을 하는 동아리는 내가 무척이나 좋아하는 모임이다. 하지만 아마추어 밴드를 결성해서 연주하는 것은 연습 장소를 비롯한 여러 가지 여건이 쉽지 않다. 아파트 생활이 주류가 된 요즘에는 층간소음이 큰 사회적 문제가 되고 있는 판인데 집에서 악기를 연주하는 일은 너무나 제약이 많다. 그렇지만 분명한 사실은, 우리 삶에 주는 긍정적인 요인으로 바라봤을 때 음악은 결코 약간의 불편함만으로 포기할 수 없는 존재라는 점이다. 극복할 만한 가치가 충분하다는 얘기다.

학습과 경험의 반복으로 우리의 뇌가 얼마든지 변화와 발전을 거듭할 수 있다는 뇌가소성 연구는 여전히 활발하게 진행 중이다. 뇌가소성 연구에 있어 자주 등장하는 소재가 바로 음아 이야기다. 오랜 인생 가운데 음악을 계속 배우고 연습하는 삶을 살아온 사람은 노화와 관련된 인지 저하 현상을 막을 수 있다는 요지이다.

악기를 배우고 연주하는 것은 뇌의 청각피질을 발달시키는데, 특히 음악을 배우는 것은 청각뿐 아니라 다른 인지기능까지 향상시킨다는 연구들이 많이 나와 있다. 한창 성장할 무렵에 악기를 배우는 것이 뇌의 청각피질을 발달시키는 데다, 심지어 그 사람이 일흔, 여든의 나이가 되어서까지 주의집중 능력과 청각 기능의 향상에 영향을 끼친다는 것이다.

여러 사람들이 사방에서 이야기하고 있는 시끄러운 공공장소에서 옆 사람과 대화를 나눌 때 상대의 소리를 힘들게 겨우 알아들어야만 했던 경험들은 다들 있을 것이다. 이때 이런 노이즈 필터링은 인공지능의 자연어 처리에서도 가장 어려운 문제 중 하나이다. 그런데 놀랍게도 악기를 배웠던 사람들에게 서는 이런 청각 능력의 저하가 나타나지 않았다.

뇌과학 분야에서 연구하는 학자들 가운데에는, 전직 프로 뮤지션이었지만 뇌과학 연구에 매료되어서 다시 학위를 받고 연구에 몰두한 뒤 '음악과 뇌과학의 관계'를 연구하는 학자들 을 의외로 많이 볼 수 있다. 음악이 뇌에 끼치는 영향이 워낙 크다는 것이 그 이유가 될 것 같다.《이것이 음악을 하는 당신 의 뇌입니다This is your brain on music》라는 책을 쓴 다니엘 레비틴 Daniel Levitin은 이전에 전문 레코딩 프로듀서였다.

나이가 들수록 신경세포 활동의 타이밍이 늦어지는데, 이 는 노이즈 필터링의 저하를 가져온다. 하지만 평생 악기를 배 우고 연주해온 뮤지션들은 이런 신경학적 타이밍의 저하가 나 타나지 않는다는 것이 밝혀졌다. 이를 연구해온 알렉산드라 파베리 클라크Alexandra Pabery-Clark는 전직 콘서트 피아니스트였 다. 그가 뇌과학에 입문하게 된 이유도 자녀들에게 악기를 가 르치는 것이 다른 인지적 기능도 향상시킨다는 사실에 고무되 었기 때문이다.

음악은 정서적으로도 우리를 행복으로 이끌곤 한다. 음악 을 들을 때 뇌는 신경전달물질 도파민을 분비하는데, 이는 감 동적인 음악을 들을 때나 절정의 순간에 맞닥뜨릴 때처럼 짜 릿할 만한 감정의 파도가 밀려오는 그 순간에 분비된다. 도파민은 뇌의 보상과 동기의 기제로, 자연적인 마약처럼 즐거운 경험을 만나게 하는 물질이다.

현대 뇌과학에서 널리 인정하는 이론 중에 '원하는 결과를 기대하는 것이 곧 보상기제를 만든다'는 주장이 있다. 정확하게 예측을 하는 것은 생명체가 살아남는 데 결정적으로 중요한 역할을 하는데, 특히 도파민은 우리가 예측하는 것이 맞는지 여부를 가리며 반응한다. 음악을 들을 때 이런 네트워크는 우리가 저장하고 있는 지식에 기인한 기대를 만든다. 그리고 이런 기대에서 벗어난 예상치 않은 놀라운 음악의 선율이 보상을 더 크게 만든다.

비노드 메논Vinod Menon과 대니얼 레비틴Daniel Levitin의 연구를 보면, 음악이 뇌의 보상 중추라고 알려져 있는 도파민 체계를 활성화할 수 있음을 알게 된다. 또 집단으로 음악을 함께 들을 때 사회적 유대감을 촉진하는 호르몬인 옥시토신이 분비된다는 연구결과도 있다. 구전 이야기에 나오는 '사랑의 묘약'이 만약 정말로 존재한다면 그것의 정체는 아마도 옥시토신일 거라고 이야기하기도 한다.

옥시토신의 분비는 아기에게 모유수유를 하고 있는 엄마에게서 분비되는 것으로 널리 알려져 있는데, 다시 말해 사랑하는 사람과 함께 있을 때나 사랑하는 가족을 생각할 때, 혹은 함께 춤을 출 때도 옥시토신의 분비가 촉진된다고 한다.

메논과 레비틴의 연구에서는 아무도 없는 독방과 비슷한 뇌 스캐너 안에 들어가 혼자 음악을 들을 때도 뇌의 보상중추가 활성화된다는 것을 보여주었다. 이는 약물을 사용하지 않고 음악을 듣는 것만으로도 사회적 고립과 외로움이라는 감정을 줄일 수 있다는 것이다.

음악은 소통과 관련이 있다. 새들의 노래는 사람들에게 있어 언어와 같은 역할을 한다. 실제로는 음악을 듣고만 있는 것이라 할지라도, 음악을 들으면 음악을 연주하는 사람들과 함께 있는 것이라 느끼는 것처럼, 또는 음악을 작곡한 사람과 소통하는 중이라 느끼는 것처럼 음악은 우리를 끊임없이 무언가와 소통하게끔 만든다.

예술이라는 처방

몇 년 전 〈안에 살아 있다Alive Inside〉라는 제목의 다큐멘터리를 본 적이 있다. 기억을 잃어버리고 자기 자신이 누구인지조차 희미해진 치매환자들에게 음악이 어떤 영향을 줄 수 있는가를 보여주는 내용이 감동적이었다.

요양원에 머물고 있는 90세 흑인여성이 있었다. 그분에게 말을 붙이거나 질문을 하면 "나는 몰라요. 기억나지 않아요"라는 말만을 되풀이해서 대답했다. 그러나 그분에게 자라날 때 즐겨 듣던 음악을 틀어주자 얼굴에 미소가 퍼졌고 눈에 생기가 돌았다. 그리고는 그 음악을 함께 듣고 춤을 배우던 어린 시절 친구들 이야기를 시작했다. 이렇듯 음악뿐 아니라 다양한 형태의 예술이 노인들의 삶의 질과 건강을 증진할 수 있다는 것이 실제 연구로 많이 밝혀져 있다.

예술은 뇌를 자극하여 기억력과 주의력을 증진시키고 긍정적인 정서를 높여준다. 미국의 국립예술기구와 국립노화연구는 노인들을 위한 예술프로그램을 운영 중이다. 음악, 춤, 그림, 공예, 노래, 시 쓰기, 이야기 만들기, 연극, 뮤지컬 등 여러 분야의 전문가들이 수준 높은 프로그램을 만들어, 이를 배우고 발표할 수 있는 무대를 만들어주는 것이다. 이 프로그램에는 자원봉사를 하는 젊은 예술가들이 곳곳에 가득하다. 일하는 자원봉사자들의 표정도 흐뭇하고, 예술을 배우고 표현하는 프로그램 참여자들은 더욱 행복한 표정을 짓고 있다.

예술은 모든 연령대를 아우르며 수많은 사람들에게 즐거움과 깊은 의미를 던져주며 무엇보다 삶의 질을 높여준다. 앞서 언급한 바 있지만, 한국의 지자체에서 이루어지는 여러 문화예술 강좌는 매우 높은 수준의 수업이라는 점이 꽤나 고무적이다. 역량 있는 은퇴자들이 강사진으로 꾸려져 있는 경우가 많기 때문이기도 하다.

뇌의 가소성은 쉬지 않고 활동하면서 뇌를 재배선할수록 둔화되지 않는다는 특성을 말한다. 창의적인 활동을 하는 것은 뇌를 재배선하고 단련하는 데 도움이 된다. 그림을 그리고, 조각을 만들고, 글을 쓰고, 음악을 만들면서 연주하는 창작예술 분야에서는 새로운 작업을 할 때마다 뇌에 새로운 배선을 만들어나가게 된다. 뇌가소성의 극대화를 위해 우리는 새로운 관점을 만들어야 하고, 새로운 행동을 하고, 매번 다르게 반응해야 한다. 환경과 상호작용하면서 무언가를 창조하는 업무나 취미는 뇌를 유연하게 하고, 신경성 위축으로부터 뇌를 보호하고 치매를 예방하는 역할을 한다.

여기서 '새로운 활동'이라 함은 꼭 예술작품을 창작하거나 새로운 프로젝트에 임해야 한다는 것은 아니다. 악기를 연주하더라도 환경에 따라서, 혹은 함께 연주하는 사람들에 따라서 다른 운지법을 사용하게 되거나, 곡을 해석하고 구성하는 추상적인 개념도 변화하게 된다. 새로운 요리를 하는 것도, 전혀 다른 스타일로 옷을 맞춰 입는 것도, 새로운 컵으로 커피를 마시는 것도, 가보지 않은 새로운 길로 산책을 하는 것도, 한번도 들어보지 못한 말투의 사람과 이야기하는 것도 모두 뇌가소성을 활발하게 작동하게끔 만드는 일이다.

샌디에이고에 있는 나의 오랜 벗 콜린은 언덕 위의 주택가에서 20년째 살고 있다. 콜린네 집에 하루에도 두세 번씩 찾아오는 이웃의 할머니가 있다. 일라디아라는 이름의 할머니는 92세로 딸과 단둘이 살고 있으며 조심조심 걸어서 콜린의 집으로 찾아오시는 것이 유일한 사회생활이었다.

지난여름에 콜린네 집에 잠시 머물렀던 내가 문을 열어 드리자 할머니는 혼란스러운 표정으로 나를 잠시 쳐다보셨다. 주변 사람들은 일라디아 할머니에게 치매가 온 것 같다며 요양원에 보내야 한다고 말했다. 청력이 약하다보니 대화도 힘들고 시력이 약해 알아보지도 못하셨다. 환영을 보시는 것도 같은데 시력이 워낙 안 좋은 상태라 구별하기 힘든 것 같았다. 나는 할머니에게 큰 목소리로 천천히 나를 소개했고, 그 분이 시간을 충분히 갖고 말할 수 있도록 기다렸다. 그런 배려만 보인다면 일라디아 할머니는 정신이 맑을 뿐 아니라 제법 재미있는 분이셨다.

일라디아 할머니는 오랫동안 교사로 일하다 퇴직하였고, 할머니의 남편은 돌아가신 지 20년이 되었다고 한다. 장성한 세 딸 중 맏딸과 지금 살고 있는 중이었다. 우크라이나에서 태어나고 프랑스에서 잠시 일하다가 결혼한 뒤에는 쭉 미국에서 살았다는 지난 이야기를 들려주셨다. 내가 우리 딸아이가 뉴욕에 있다고 하니, 할머니는 자기가 미국에 처음 왔을 때 뉴욕에 있는 로레알 화장품회사에서 일했다는 이야기, 학교에서 미술사를 가르쳤다는 이야기, 나에게 동양미술에 대해 물어보는 등 우리의 대화는 끊임이 없었다.

커피를 다 마신 뒤 집으로 가시겠다고 일어서는 일라디아 할머니는 친구 콜린에게 웃으며 말씀하셨다. "I like your friend." 그 말을 할 때의 행복한 표정을 잊을 수가 없다.

다음날 오전, 골목길에 소방차와 구급차가 와 있는 것이 보였다. 일라디아 할머니가 그날도 콜린네 집으로 걸어오시다가 넘어져 일어나질 못하셨다. 이웃사람들이 발견하고 급히 구급차를 부른 것이다. 다행히 큰 문제는 없어서 병원에서 간단히 치료를 받고 집으로 돌아오셨지만, 그날 이후 이웃들 사이에서는 이제 일라디아 할머니를 요양원으로 보내는 문제에 대해 의견이 분분했다.

콜린네에 머무르던 동안 나는 버추얼 합창 한 곡을 음악 편집 소프트웨어로 한창 편집 중이었다. 〈희망의 날개를 펼쳐서 (원제 Flying Free)〉라는 곡이었는데 완성된 합창 영상을 유튜브에 올려놓았다. 콜린이 그 곡을 일라디아 할머니 앞에서 틀어드렸는데 뜻밖에 그 곡이 너무 좋으셨는지 얼굴이 환해지면서 가사가 무슨 뜻이냐고 여러 번 물어보셨다는 것이다. 콜린이 방문하면 그 노래를 찾으셨고 곡을 들으면서 얼굴이 밝아지셨다고 한다. 노래를 하도 많이 들어서 나중에는 허밍으로 따라 부르기도 하셨다.

일라디아 할머니는 넘어진 이후 상태가 악화되면서 결국

병원으로 옮기셨고, 그렇게 2주가 채 안 되어 돌아가셨다. 콜린은 일라디아 할머니가 돌아가시기 이틀 전에 병원으로 찾아갔는데 막상 누워 있는 할머니 앞에서 아무 것도 해드릴 게 없자 다시 그 노래를 틀어드렸다. 콜린은 전화로 나에게 이렇게 말했다.

"You know what, I swear, her face lightened up when I played that song(진짜야, 그 곡만 틀면 얼굴이 환해지셨다니까)."

왜 그 곡을 특히 좋아하셨는지는 지금도 알 수가 없다. 어릴 때 듣던 멜로디일 수도 있고, 자신에게 따뜻한 친구가 되어준 콜린과 시간을 보내며 들은 곡이기 때문인지도 모른다. 그렇지만 음악이 뇌에 특별한 보상을 준다는 수많은 연구 결과를, 일라디아 할머니의 모습에서 확인하게 된 것만 같았다.

여든 살 수녀들의 글쓰기

데이비드 스노든David Snowdon 교수는 수녀님들이 사후에 기증한 뇌를 연구하여 알츠하이머 치매가 한 가지 요인만으로 이루어지지 않는다는 것을 보여주었다. 어떤 수녀님의 경우, 전혀 치매 증상을 보이지 않다가 85세에 심장마비로 돌아가셨는데, 그분은 생전에 시행한 인지검사에서도 꽤 높은 점수의 결과를 보일 정도로 인지능력이 양호한 분이었다. 그런데 막상 사후에 기증된 수녀님의 뇌를 검사해보니 상당히 진척된 치매성 뇌신경 손상이 발견되었다.

그런가 하면 반대의 경우도 있었다. 심한 알츠하이머 치매 증상을 보인 뒤 돌아가신 수녀님도 있었는데, 그의 사후에 이뤄진 뇌 부검에서는 미미한 손상 정도만 발견된 것이다. 이 알츠하이머 연구에 참여할 것을 동의한 678명의 수녀들은 모두 75세 이상이었는데, 그들은 남은 생애를 통하여 정기적으로 행동검사 및 인지검사에 참여하도록 약속하였다. 실제로 사후에 뇌를 연구에 기증하여 치매 연구에 결정적인 공헌을 한 분들로 기억될 것이다.

연구에 참여한 수녀님들은 전반적으로 오래 생존하신 분들이다. 그도 그럴 것이, 삶 자체가 건강할 수밖에 없는 삶이었다. 술이나 담배는 물론이거니와, 몸에 해로운 음식과 생활은 가까이 할 수 없는 삶이었을 테니까 말이다. 게다가 수녀님들은 게으르게 살지도 않거니와, 특히 봉사가 삶의 중요한 부분을 차지하고 있었다. 연구 대상자였던 노트르담 교육수도회의 수녀원은 교육에 특별히 사명감을 가지고 있었고 수녀님들이 교육 관련 봉사를 많이 해왔던 것으로 알려졌다.

켄터키 수녀들에 대한 연구 중 주목할 만한 점은 '치매와 글쓰기 스타일의 연관성'에 관한 것이었다. 즉 젊었을 때 그 사람이 어떤 스타일로 글을 썼느냐에 따라서 알츠하이머 치매 발병을 높은 정확도로 예측할 수 있다는 사실이었다. 수녀님들은 젊어서 맨 처음 수녀원에 들어오셨을 때 자기를 소개하는 글, 다시 말해 가족과 이전의 삶, 수녀워에 들어오게 된 동기 등을 글로 써서 제출하였는데, 이 때의 글들은 모두 오랜 시간 동안 보관되었다. 전쟁을 겪고, 정치적인 압박을 당했거나, 병으로 가족을 많이 잃은 경험도 적혀 있었다. 여러 나라로 이사를 다닌 경우도 있었다. 그런데 이런 자서전 같은 글을 쓸 때 그 글쓰기의 스타일은 각자 모두 달랐다.

'나는 형제가 둘이 있었다. 남동생 프레드와 여동생 마리아이다. 우리 가족은 빈에 살다가 함부르크로 이사했다. 거기서 12년을 살았다.'

이렇게 사실을 요약하여 간단하게 쓴 수녀님도 계셨다. 특별히 잘못 쓴 것은 아니지만 글의 구조는 단순하고 표현도 간단했다. 하지만 이와 전혀 다른 스타일로 글을 쓰신 수녀님도 있었다.

'내가 살았던 마을은 여름이 특히 아름다웠다. 아직도 그 푸르름과 예전의 건축들이 어우러진 것이 생생하다. 나는 여름이면 동생들과 시냇가에서 물놀이를 하기도 하고 숲에서 뛰어 놀기도 하면서 행복한 시간을 보내곤 했다. 남동생 자크를 숲에서 잃어버리고 놀라서 정신없이 헤매다가 울고 있는 자크

를 찾아서 안도했던 기억이 난다.'

연구자들은 이렇게 풍부한 표현과 복잡한 문장구조를 사용했던 수녀님들의 경우, 치매에 걸릴 가능성이 훨씬 낮다는 것을 발견했다. 이런 글쓰기가 치매를 막는다고 단순하게 말할 수는 없으나, 언어를 사용하고 기억을 되감으며 생각하는 방식은 분명 뇌에 긍정적인 작용을 한다. 기억을 떠올리며 문장을 만들고, 손을 움직여서 글을 쓰는 이 과정에는 생각보다 많은 감각과 지각과 기억들이 새로운 개념의 연결을 만들고, 근육의 움직임까지 더해진다.

글쓰기를 자주 시도해보라 권하고 싶다. 일기도 좋고, 블로그 활동도 좋다. 짧은 소설이나 시를 써보는 것도 아주 좋은 생각이다.

참고로 덧붙이자면, 수십 년 동안 치매 연구가 진행되어 왔으나 아직까지 한 가지 원인이나 정확한 치료법은 나와 있지 못하다. 오히려 치매 연구는 한 가지 접근만으로는 해결할 수 없다는 것이 더 확실해졌다. 치매를 일으킬 가능성이 더 많은 유전자를 가지고 있다 해도 모두 치매 증상을 보이는 것도 아니다. 이런 음식이 좋다더라, 이런 활동이 좋다더라 하는 의견들도 제각각이다.

그러나 성공적인 나이 들기는 질병을 피하기 위한 소극적인 접근이나 단편적으로 '이것 하나가 좋다'라는 정보가 아닌,

삶을 전반적으로 들여다보는 적극적인 시각이 필요하다.

춤출 때 뇌에서 무슨 일이 일어나는가?

인지과학을 연구하는 나는 사람들 앞에서 자주 '춤 예찬론'
을 펴곤 한다. 노화연구에서 춤의 장점에 대한 연구가 다양하게
진행되고 있는데, 한 마디로 춤은 뇌를 젊게 해주는 운동이다.

많은 운동 중에서 춤이 유난히 뇌에 좋은 이유는 무엇보다
춤이라는 것은 복합적 운동이기 때문이다. 새로운 댄스 스텝
을 익히기 위한 학습은 뇌에 새로운 연결망을 형성한다. 춤은
감각능력과 균형을 향상시키고, 공간 인지능력과 기억력에도
도움을 준다. 음악을 듣고 공간을 움직이면서 새로운 시각운
동의 연결을 만드는 과정도 필요하다.

게다가 춤은 사회적인 활동이다. 여러 사람들과 함께 즐기
는 사교댄스는 춤 속에서 자연스럽게 사회활동이 이루어지는
데다가 인지적인 훈련도 함께 할 수 있는 활동이다. 춤을 추는
문화가 있는 커뮤니티를 살펴보면 치매 발병률이 적고 소속된
노인들의 우울증 발병이 적다는 결과도 나와 있다.

중년 이상의 사람들은 나이가 들수록 자신의 뇌가 예전에
비해 느려지거나 기능이 서서히 변하고 있다는 것을 경험으로

알고 있다. 약 40세를 넘어가면서 대부분의 사람들은 젊은 사람들보다 정보처리 속도 테스트에서 낮은 점수를 보이게 되는데 향후 수십 년이 지나면서 그러한 특성은 가속화된다.

뇌과학자들은 이러한 속도의 감소가 우리 뇌의 연결망인 백질이 닳아 헤어지는 것 같은 변화 때문이라고 설명한다. 뇌에는 백질이라는 부위가 있는데, 백질에는 미엘린이라는 지방질이 신경세포의 줄기를 싸고 있다. 백질은 신경세포들끼리의 연결망을 담당하고 뇌의 한 부분에서 다른 부분으로 메시지를 전달하는 역할을 한다. 젊은 사람들의 뇌의 경우엔 이러한 메시지가 정신없이 빠른 속도로 휩쓸리다시피 전달된다. 그러나 노년층의 뇌 스캔 결과에 따르면 백질은 점점 줄어들고 효율성 또한 떨어진다.

다시 춤 이야기로 돌아가 보자. 백질의 퇴화를 막는 특별한 비결이 바로 춤이라는 연구가 있다. 나이가 들어가면서 몸과 마음이 모두 변하는 것을 피할 수는 없지만 뇌의 노화를 늦추는 활동이 있다면 우리는 그것을 피할 이유가 없다.

한 연구에서는 60~70대의 참여자들을 대학 실험실에 초대하여 처리 속도, 인지능력 기능과 유산소 체력을 측정한 다음 정교한 MRI 뇌 영상을 찍었다. 이러한 기본 테스트 후에 연구 참여자들을 무작위로 여러 그룹으로 나누었는데, 한 그룹은 일주일에 세 번 한 시간 동안 빠르게 걷는 운동 프로그램을 시작했다. 또 다른 그룹은 스트레칭과 균형 훈련을 일주일에 세 번가량 실시하도록 하였다.

마지막 그룹은 춤을 배우도록 배정되었다. 이 그룹에 배정된 참여자들은 일주일에 세 번 스튜디오에 와서 한 시간 동안 점점 더 복잡해지는 컨트리 댄스 안무를 배우게 되었다. 컨트리 댄스를 시작한 그룹 전체는 유동적으로 다양한 모양을 만들며 움직이게 되고, 각 사람은 원래의 파트너에서 다른 파트너로 이동하면서 춤을 배워갔다.

6개월이 지나 연구 참여자들은 이 연구를 시작했을 무렵에 시행했던 인지, 체력검사와 뇌 영상 검사 등을 다시 받게 되었다. 그 결과 춤을 배운 그룹은 6개월 전과 비교하여 기억력과 관련된 뇌 부위의 백질이 더욱 조밀해진 결과를 보여주었다. 연구자들은 6개월 동안 새로운 안무를 배우고 숙달하는 것이 뇌 조직의 연결망을 증가시켰다고 설명한다.

한 가지 흥미로운 점이 있다면, 춤을 배운 집단을 제외하면 나머지 두 그룹 모두 뇌 영상 결과에서 경미한 퇴화를 보여주긴 했으나 거의 모든 사람들이 연구를 시작할 때보다 인지 사고 테스트에서 더 높은 수행을 보여주었다는 점이다. 즉 뇌의 구조적 변화는 6개월 만에 가시적으로 나타나지는 않았으나 인지능력에서 운동의 효과가 나타난 것이다.

이 연구가 주는 가장 고무적인 메시지는 "운동 및 사교 활동과 관련된 모든 활동"에 참여하면 노화가 이루어지는 뇌에서 정신 능력을 향상시킬 수 있다는 것이다. 나이가 들수록 가만히 머물러 있지 않도록 노력해야 한다는 중요한 메시지를 얻을 수 있다.

지구상의 새로운 아이들

"현재를 잡아라. 내일은 최소한으로 믿어라."
- 영화 〈죽은 시인의 사회〉 중에서

현재 한국의 인구 분포도를 보면 50대가 가장 많은 인구수를 차지하고 있다. 2021년의 조사 치에 따르면 50대는 전체 인구의 16.6퍼센트를 차지한다. 특이하게도 그러한 지금의 50대는 지구상에 새로운 아이들로 등장했다.

'꼰대'라는 단어는 누구를 지칭하는 것일까. 기존 구조에서 기득권을 가지고 있는 경우도 있지만, 아무리 50대라 하더라도 전통적인 고정관념을 지닌 채 사회적 관습을 좇아 살아간다면 그 역시 '꼰대'라 불릴 만할 것이다.

하지만 변화하는 지금의 사회에서 꼰대들의 영향력은 빠르게 줄어들고 있다. 대신, 자기 모습에 당당하고 '디지털 네이

티브'라는 특징을 가지고 있는 Z세대는 사회적 정의에도 민감하지만 삶 자체를 영화 속 주인공처럼 자기 것으로 온전히 즐기고자 하는 세대이다.

현재의 50대는 길어진 삶을 어떻게 살아야 할지 준비되지 않은 부모세대를 보며 자란 이들이다. 게다가 그들은 현재에 집중하는 디지털 세대를 자녀로 두고 있는 세대이기도 하다. 의무감을 가지고 살았지만 나의 행복을 적극적으로 추구하는 것에 가치를 두기 시작한 최초의 세대인 것이다.

여행을 계획하고 맛집을 찾아다니며, 무엇보다 혼자 사는 것을 두려워하지 않는다. 전통적인 가정관만이 옳다고 믿지 않고, 경제적 여유가 있다면 원하는 만큼 소비하는 것을 죄악시하지 않는다.

50대를 아이같이 살기 위해서는 우선 놀 줄 알아야 한다. 일 때문에 끊임없이 불안하다면, 가령 놀러가서도 노는 데 집중하지 못하고 일 생각만 한다면, 일로 만나는 사람 말고는 딱히 만날 사람이 없다면, 그렇다면 그 사람은 '약도 없다'는 일 중독일지도 모른다. 일만으로는 행복해질 수 없다. 여행을 떠나고, 음악회를 가고, 전시회를 가고, 일을 위한 것이 아닌 새로운 활동을 배우는 것이 분명 필요하다.

소유보다 경험이 행복을 만든다. 자연의 아름다움을 경험하고, 새로운 도시의 문화를 경험하기 위해 떠나보자. 눈으로 보고, 발로 걸어 다니고, 봄의 꽃내음과 찻집의 커피 향을 맡으며, 그 지역의 음식을 맛보는 감각으로 여러 경험들을 해보자. 감각으로 경험하는 것이 우리의 현재를 충분히 누리게 하고 행복한 삶을 만들 수 있다.

"현재를 잡아라. 그리고 내일은 최소한으로 믿어라."

'카르페 디엠'은 우리에게 익숙한 몇 안 되는 라틴어 표현 중 하나이다. 영화 〈죽은 시인의 사회〉에 나오는 명대사로도 널리 알려져 있다. 교육의 목적이 대학을 가는 것이 아닌 사색하는 법을 가르치는 것이라고 믿는 교사 역할을 맡았던 로빈 윌리엄스의 대사이다.

"시간이 있을 때 장미 봉우리를 거두어라. 미루지 말고, 안 된다고 하지 말고 현재를 즐겨라. 남들이 정해주는 삶이 아닌 이 세상에서 단 하나뿐인 자기 자신만의 특별하고 자유로운 삶을 살아라……."

이런 대사가 현재를 그저 즐기기만 하라는 뜻으로만 그치지는 않을 것이다. 사회적 관습과 관념에 얽매이지 말고 자유의지를 갖고 진정으로 하고 싶은 걸 하며 살라는 뜻이다. 내가 나로서 살아가기 위해서는 분명 용기가 필요하다.

치매에 잘 걸리는 성격이 있을까?

일반적으로 치매라 하면 흔히 알츠하이머병을 떠올린다. 그런데 두 번째로 많은 종류의 치매는 혈관성 치매이다. 혈관성 치매는 뇌혈관 질환으로서, 뇌 조직이 손상되어 나타나는 치매를 말한다.

뇌혈관 질환이 반복해서 발생함으로써 혈관성 치매가 생기기도 하지만, 뇌혈관 질환이 뇌의 중요 부위에 발생하면서 치매 증상이 생길 수도 있다. 근래에 혈관성 치매의 경우, 병이 시작되기 전에 예방할 수 있다는 좋은 소식도 들려온다.

많은 연구들이 치매의 위험을 예측할 수 있는 요인들을 보여주었는데 그 중에 하나는 특이하게도 '개인의 성격'이다. 심리학에서 가장 많이 쓰는 성격이론은 빅 파이브라고 부르는 외향성, 신경성, 개방성, 친화성, 성실성 등 다섯 가지 차원으로 설명된다. 이중 신경성이 높은 사람은 치매 위험이 높은 성격으로 나오고, 개방성과 성실성이 높은 사람은 치매 위험이 낮은 성격으로 나타났다.

신경성이란 걱정이나 불안 등과 관련된 성향으로, 심리적 문제와 가장 많이 연관되어 있는 차원의 성격이다. 개방성은 얼마나 새로운 것에 오픈되어 있는가를 보여주는 차원으로, 새로운 지식에 대한 호기심, 문화와 예술에 대한 관심, 그리고 새로운 것을 유연하게 받아들이는 성향에 대한 차원을 말한다. 성실성은 시작한 일을 마치고, 규칙을 존중하면서 맡은 일을 하려는 동기와 관련된 성격이다.

메타분석을 이용한 연구를 살펴보면, 신경증의 수치가 높은 상위 25퍼센트, 또는 성실성의 수치가 낮은 하위 25퍼센트에 해당하는 사람들에게는 치매의 위험이 세 배나 증가한다는 결과를 얻었다고 한다. 이런 결과는 우울증과 자기훈련이 치매와 상관관계가 있다는 것을 반영한다.

더 최근의 연구를 살펴보면, 종단연구와 메타분석을 함께 이용하여 조사했을 때 신경증이 높을수록 나이가 들어가면서 모든 인지 측정에서 기능이 나빠지고 기억력이 더 많이 감소한 것으로 나왔다. 그러나 반면, 성실성과 개방성이 높을수록 동시에 기억력이 향상되고 시간이 지남에 따라 나이로 인한 인지 노화의 폐해가 줄어든다는 것을 보여주었다.

이 연구에서 보여준 성격 특성과 치매의 연관성은 일반적으로 고혈압, 당뇨병, 심리적 치료 이력, 비만, 흡연 및 신체활동보다 더 크다고 나타났다. 무엇보다 연구의 가장 중요한 의미는 '변화를 보았다'는 점이다. 메타분석은 신경증이 인지 저하에 주는 연관성을 뒷받침하지만, 신경성과 같은 성격 특성은 생물학적 기저가 강하기 때문에 잘 변하지 않는다. 그렇다면 우리가 할 수 있는 게 별로 없다는 얘기다. 그러나 성실성과 개방성의 경우 변화의 가능성이 많다. 친화성도 얼마든지 변화한다.

호기심이 많은 성격일수록 치매 위험에서 멀어진다. 새로운 경험을 하고 학습한다는 것은 뇌에 새로운 연결망을 형성하고 미엘린을 늘린다. 하지만 똑같이 되풀이되는 자극에 우리의 뇌는 점점 반응하지 않는다. 이로써 알 수 있듯 새로운 경험을 자꾸 할수록 뇌는 개발될 수밖에 없다.

개방성은 새로운 경험을 얼마나 받아들이느냐의 차원이다. 성실성은 시작한 일을 마치고, 규칙을 존중하고 맡은 일을 하려는 동기와 관련된 성격이다. 쉽게 말해 열심히 뇌를 사용하는 사람인 것이다. 세상에 대한 호기심을 가지고 열린 마음으로 세상을 바라보는 성향은 건강한 뇌를 만드는 지름길이다.

....

McGillivray, S., Murayama, K., & Castel, A. D. (2015). Thirst for knowledge: The effects of curiosity and interest on memory in younger and older adults. *Psychology and Aging, 30*, 835-841.

Kenneth H. Rubin et al., "Peer Interactions, Relationships, and Groups," in *Child and Adolescent Development: An Advanced Course, eds.* William Damon et al. (Wiley, 2008): 141-80.

Stuart Brown, *Play: How It Shapes the Brain, Opens the Imagination, and Invigorates the Soul* (Penguin Group, 2009), 5.

Robert J. Zatorre and Valorie N. Salimpoor. 2013. June 7. New York Times.

Why music makes our brian sing.

White-Schwoch, T., Carr, K. W., Anderson, S., Strait, D. L., & Kraus, N. (2013). Older adults benefit from music training early in life: biological evidence for long-term training-driven plasticity. Journal of Neuroscience, 33(45), 17667-17674.

Parbery-Clark, A., Anderson, S., Hittner, E., & Kraus, N. (2012). Musical experience offsets age-related delays in neural timing. Neurobiology of aging, 33(7), 1483-e1.

M.L. Chanda and D. J. Levitin, "The Neurochemistry of Music," *Trends in Cognitive Science 17, 4* (2013): 179-193

V. Menon and D. J. Levitin, "The Rewards of Music Listening: Response and Physiological Connectivity of the Mesolimbic System," *Neuroimage 28, 1* (2005): 175-184

David Snowdon (2002) "Aging with Grace: What the Nun Study Teaches Us about Leading Longer, Healthier, and More Meaningful Lives." Bantam Publishing.

Burzynska, A. Z., Jiao, Y., Knecht, A. M., Fanning, J., Awick, E. A., Chen, T., ... & Kramer, A. F. (2017). White matter integrity declined over 6-months, but dance intervention improved integrity of the fornix of older adults. *Frontiers in aging neuroscience, 9*, 59.

Terracciano, A., Sutin, A. R., An, Y., O'Brien, R. J., Ferrucci, L., Zonderman, A. B., & Resnick, S. M. (2014). Personality and risk of Alzheimer's disease: new data and meta-analysis. *Alzheimer's & Dementia, 10*(2), 179-186.

Luchetti, M., Terracciano, A., Stephan, Y., & Sutin, A. R. (2016). Personality and cognitive decline in older adults: Data from a longitudinal sample and meta-analysis. *Journals of Gerontology Series B: Psychological Sciences and Social Sciences, 71*(4), 591-601.

5

감정

마음은 뇌가 만들어낸다

유용한 감정조절법 한 가지

"저 사람은 화를 잘 내는 사람이야."

"나는 걱정이 많은 사람이야."

우리는 이렇게 감정이 그 사람의 뇌에 구조적으로 정해져 있거나 외부 환경에 의해 촉발되는, 따라서 우리는 아무런 힘 없이 감정을 경험해야 하는 것처럼 생각한다. 그러나 노스이 스턴대학의 리사 배럿Lisa Barrett 교수는 뇌가 그렇게 작동하는 것은 아니라고 설명한다.

뇌의 목적은 몸 전체가 생존하고 번성하는 것이다. 생명체 가 살아남기 위해서 뇌에 부여된 가장 중요한 의무는 미래를 예측하는 것이다. 이 예측이 우리가 경험하는 정서가 되고, 다른 사람의 정서적 표현에 대한 지각이 된다. 궁극적으로 정서는 뇌가 만들어내는 것이다.

리사 배럿 교수에 따르면 정신건강을 위해서 할 수 있는 가장 좋은 방법은 감정에 대한 개념을 더 다양하게 강화하는 것이다. 우리가 두 가지 감정의 개념만 알고 있다고 가정해보자. '유쾌한' 감정과 '불쾌한' 감정 두 가지가 인간의 유일한 감정 개념이라면 우리는 다양한 상황에 대한 반응을 유쾌한 또는 불쾌한 감정으로만 분류할 것이다. 정서지능이 높을 수가 없는 경우다.

그런데 만약에 당신이 유쾌한 감정을 행복한, 만족한, 설레는, 편안한, 즐거운, 희망찬, 영감을 주는, 자부심 있는, 사랑을 느끼는, 감사하는, 기대에 찬…… 등으로 정교하게 나눌 수 있다면 어찌 될까? 불쾌한 감정 또한 수십 가지로 나눌 수 있다면, 이를테면 화난, 분노한, 놀라운, 악의적인, 심술궂은, 후회하는, 우울한, 고뇌에 찬, 불안한, 공포에 휩싸인, 분개하는, 두려워하는, 부러워하는, 비통한, 암울한 등으로 분류할 수 있다면 어떨까? 당신의 뇌는 감정을 예측하고 인식하는 데 더 많은 옵션을 갖게 될 것이다. 아울러 뇌는 환경과 상황에 맞추어 유용한 행동을 만들어낼지도 모른다.

단순히 '불쾌하다'는 감정만으로는 미래를 예측하기 위해서 그다지 유용한 정보가 될 수 없다. 뇌는 지금 정서의 정보를 여러 가지로 예측하거나, 이름을 붙여서 범주화할 수도 있다. 정서를 정확하게 구별하고 구체적인 의미를 파악할 수 있는 것은 뇌가 더 적절하고 유연하게 반응할 수 있게 하는 도구를 제공하는 것이다.

이렇게 정교화된 감정의 개념을 가지기 위해서는 어떻게 해야 할까? 리사 배럿 교수는 정서를 표현하는 어휘를 다양하게 배우는 것이 가장 쉬운 방법이라고 제안한다. 부정적인 정서를 그냥 '불쾌하다'라고밖에 표현하지 못하는 것이 아니라, 구체적인 상황과 정서적 경험을 정확하게 이해하고 개념화할 수 있다면 더 다양한 상황에 적응할 수 있고 다른 사람을 더 잘 공감할 수 있다. 새로운 어휘를 배우기 위해서 책을 읽는 것도 좋다. 소설도 좋고 시를 읽는 것도 좋다. 인문학 강의를 듣거나 생각을 자극하는 방송을 듣는 것도 좋다.

일반적인 단어가 아닌 구체적이고 복잡한 감정을 표현하는 어휘를 새로 만들어보자. "중년이 넘어가면서 거울을 볼 때 느껴지는 기분", "부럽기도 하고 짜증나기도 한 친구를 생각하면서 느끼는 궁금함과 죄책감이 같이 느껴지는 감정", "주식으로 대박이 나서 흥분했는데 꿈인 걸 알고 실망하는 감정", "사촌이 논을 사면 배가 아픈 감정", "잘 모르는 사람과 공생관계로 엮여 있다는 감정" 등은 어떨까? 이런 상황을 일반적인 감정으로 표현하면 그 정확한 의미가 거의 사라지게 된다. 우리나라 언어에서 찾을 수 없는 감정이라면 다른 언어에서 이와 비슷한 개념을 찾아볼 수도 있다. 이런 단어 찾기를 통해 새로운 방법으로 경험을 구성하는 것도 의미 있다.

정서를 마스터하는 다른 방법은 정서를 재범주화하는 것이다. 우울하고 괴로울 때도 있다. 편치 않은 신체적 경험을 하고 있을 때 우리의 뇌는 이런 경험의 원인을 예측하려 한다. 더 많은 개념을 가지고 있다면 더 효율적으로 정서를 재범주화할 수 있다. 예를 들어 직장을 위한 면접을 앞두고 있으면서 심장이 빠르게 뛰는 경험을 한다면 우리는 이를 면접에 도움이 안 되는 해로운 불안감이라고 범주화할 것이다.

하지만 한편으로는 에너지가 충만해서 적극적으로 면접 준비에 임할 수 있도록 재범주화할 수도 있지 않을까. 리사 배럿 교수는 이런 재범주화가 쉬운 것은 아니지만 훈련으로 가능하다고 강조한다.

화를 내는 당신에게

인터넷의 신문기사 댓글을 보면 온갖 험한 말로 가득하다. 인터넷 커뮤니티도 내 편과 다른 편이 확연하게 갈려 서로를 헐뜯는 글들이 난무한다. 다른 편의 오류를 지적하고 그들의 불공정함을 탓할 뿐 아니라, 자신이 다른 편 사람들 때문에 피해를 본다고 믿고 있다. 하지만 함께 사는 사회에서는 남 때문에 피해를 보는 것도 분명 있겠지만 동시에 남 때문에 도움을 받는 것도 분명 존재한다. 그러니 끊임없이 남을 탓하고 화를 내면서 사는 것은 정신건강에 좋지 않다.

상대가 이토록 험하고 무례한 말을 하는데, 그 말을 듣고도 어떻게 가만히 있을 수 있느냐며 항변할지도 모르겠다. 분노가 치밀 때 밖으로 표출하고 성질을 내면 후련할 것이라고 생각할 수도 있다. 하지만 실제로는 전혀 그렇지가 못하다. 분노하고 울분을 터뜨리는 것은 결코 우리 마음을 후련하게 만들지 못한다. 오히려 사회적 관계에 악영향만 끼치고 더 힘든 상황만 가져올 뿐이다.

감정을 폭발하는 것도 반복하다 보면 습관이 될뿐더러 나중에는 스스로 조절하기 어려워지는 상황에까지 이른다. 다른 사람에게 큰 상처를 줄 수도 있고, 정서조절에 실패함으로써 이후 신체적, 심리적 건강을 해칠 수도 있다. 열정을 가지고 사는 건 좋지만 그렇다고 감정 그대로 분노를 터뜨리는 일은 분명 조절할 줄 알아야 한다. 정서조절도 행동으로 연습할 수 있다. 그리고 인지적으로 재구조화하는 것도 학습이 가능하다.

정서는 환경과 상태에 대한 요약된 정보라고 할 수 있다.

정서는 불확실한 상황에서 미래를 예측하고 대비하는 적응적인 기제이다. 뇌의 인지시스템이 상황을 '이해'하는 기제라면 정서시스템은 상황을 '평가'하는 시스템이라고 보면 된다. 그래서 정서적 반응은 '좋다' 또는 '싫다'라는 평가부터 나오는 것이다.

그런데 이런 정서적 반응의 기제가 되는 교감신경계의 활동은 그렇게 다양하지 않다. 얼굴이 달아오르고 심장박동이 빨라지는 것은 화가 날 때도, 무서울 때도, 중요한 면접을 앞두고 긴장할 때도, 멋진 이성에게 끌릴 때도 모두 나타나는 반응인 것처럼 말이다. 각성상태가 높아지는 것만으로는 정서를 구분할 수 없다.

심리학에서 말하는 '체화된 정서'의 개념이란 우리의 행동과 얼굴표정, 몸짓, 환경 속에서 다른 대상과 상호작용함으로써 만들어지는 정서를 말한다. 쉽게 말하면, 행복해서 노래하는 것이 아니라 노래하기 때문에 행복해진다는 것이다. 나의 자세와 행동이 인생을 바꿀 수 있다는 주장도 유명하다. 나의 본질이 나의 행동을 만드는 것이 아니라 내가 행동하는 대로 나의 본질이 만들어진다는 개념이다.

"Fake it till you make it."

우리 식으로 해석하자면 '될 때까지 그런 척하면 실제로 그렇게 된다'라는 말이다. 이 표현은 자기계발이나 동기화를 북

돈을 때 많이 쓰이는 표현이지만, 무엇보다도 '정서'라는 의미의 본질을 잘 설명해주는 말이기도 하다.

나이가 들면서 정서조절 능력은 젊을 때보다 더 좋아질 수 있다. 물론 여전히 화가 가라앉지 못할 때도 있고, 한 가지 나쁜 경험을 하게 되면 그 생각이 머릿속을 오랫동안 떠나지 않을 때도 있다. 그러나 전반적으로는 나이가 들수록 정서조절에 있어 조금 더 성숙해지곤 한다. 그리고 스스로 정서를 잘 조절할 수 있는 능력이 행복의 중요한 비결 중 하나이다.

행복도 연습이 필요하다

행복을 과학적으로 연구하는 학자들은 어떻게 하면 행복해질 수 있는가에 대해서 여러 가지 제안을 한다. 행복은 건강을 향상시키고, 수명을 늘리고, 사회생활의 성공을 예측한다. 삶의 목표를 물어보면 행복해지는 것이라는 대답이 가장 흔할 것이다. 행복 자체를 추구하는 일은 다소 애매한 개념일 수 있겠지만, 실제로 우리 삶의 태도와 행동을 바꿔나가고, 환경과 인간관계 등에 작은 변화를 만드는 것은 누구나 가능하다. 그럼 어떤 노력을 할 수 있을까?

첫째는 마음을 조절하는 것이다. 행복은 내면에서 비롯되는 것이므로 매사 긍정적인 마음을 강조할 수밖에 없다. 그러나 사람은 생물학적으로 봐도 어느 정도는 부정적인 경향이 있다. 나쁜 상황일수록 더욱 머릿속을 떠나지 않고, 오히려 좋은 일은 쉽게 잊어버린다. 이런 경향은 미래의 위협을 피하기 위한 적응적인 기제이다.

그러나 우리의 뇌가 부정적인 편향이 있더라도 이를 조절하고 활용하는 것이 필요하다. 부정적인 생각을 누르려고만 하는 것도 정답은 아니다. 그보다는 부정적인 문제가 어떤 것인지 인정하지만 일단 거리를 두는 것이다. 나의 문제를 친구의 문제라고 생각해보거나 옆집 사람의 문제라고 생각해보자. 그리고 생각의 틀을 바꾼 뒤 스스로에게 물어보는 것이다.

"지금 이 생각의 증거가 있는가?"

"내가 사실에 근거하고 있는가, 아니면 감정적으로 과장하는 것은 아닌가?"

"이 일이 내가 아니고 다른 사람의 경우라면 나는 어떻게 상황을 볼 것인가?"

내가 갖고 있는 부정적인 생각을 인정하고, 그 생각을 다시 분석해보는 것이다. 그렇게 나의 마음과 생각을 긍정적으로 바꾸기 위한 연습은 분명 해볼 만한 과정이다.

둘째는 당신 인생의 스토리를 다시 써보는 것이다. 당신의 개인적인 이야기를 써보고 그것을 다른 시각에서 다시 바꾸어 써보는 것이다. 어떤 연구결과에 따르면 매일 15분씩 일기를 쓰는 것만으로도 행복이 증진되었다고 한다. 나의 감정을 표현해보고, 나의 상황을 인정하고, 마음의 문제를 풀어보는 계기가 되기 때문이다.

우리는 모두 인생의 주인공이며, 나의 목소리로 나의 인생을 말할 수 있다. 그런데 내면의 목소리가 항상 상황을 정확히 말하지는 않는다. 내가 쓴 스토리를 편집해서 다시 써보자. 그간의 시각을 바꿀 수 있고, 나의 행복을 방해하는 삶의 장애물들을 깨닫는 계기가 될 수 있다.

셋째는 움직이는 것이다. 일어나서 움직일 때 더 행복하다. 예전에 스마트폰을 이용하여 움직임과 행복의 상관관계를 연구한 결과가 발표된 적이 있었다. 사람들에게 '현재 얼마나 행복하느냐'라고 물었을 때, 특이하게도 질문하기 15분 전부터 계속 몸을 움직이고 있었던 사람들의 경우 '가장 행복하다'는 답을 주었다.

이들의 움직임이라는 것은 대단히 강렬한 운동을 말하는 것이 아닌 사소한 일상의 움직이었다. 결국 움직임의 강도가 아니라 일단 움직이고 있는 것 자체가 우리 정서에 좋다는 의미인 것이다.

넷째는 긍정적인 환경을 찾고, 경험을 만들고, 긍정성을 연습하는 것이다. 이런 연습 중 하나로 많이 쓰는 것이 '감사하기 연습'이다. 일주일에 한 번씩 감사한 일들을 써보는 것을 습관으로 만드는 것은 어떨까? 대학생 연구 참여자들에게 일주일에 한 번씩 다섯 가지 감사한 일을 쓰도록 제안했는데, 이런 감사한 것들을 쓰는 실험조건에 참여한 학생들은 그렇지 않은 통제집단 학생들보다 (10주 후에 결과를 보니) 인생에 대해서 더욱 긍정적인 생각을 가지고 있었고 신체적으로도 잔병치레 등이 훨씬 줄어들었다.

또 다른 연구에서는 연구 참여자들에게 그날 하루에 좋은 일 세 가지를 써보는 연습을 일주일 동안 계속 시행하도록 하였다. 그리고 좋은 일들만 간단히 기록하는 것이 아니라 왜 좋은 일이 생겼는지 그 전후 이유도 함께 작성하도록 일렀다. 이유를 써보는 일은 좋은 일에 대해 좀 더 깊이 생각해볼 수 있는 기회를 준다. 이런 연습도 행복감을 올릴 수 있는 좋은 방법이다.

삶에 통제가 필요한 이유

심리학자 월터 미셸Walter Mischel은 마시멜로 연구로 일반에 널리 알려져 있다. 특히 어린이 교육 분야에서 자기절제력 연구와 관련하여 유튜브 등 온라인에 마시멜로 연구들을 많이 소개하고 있다. 일반인에게도 익숙해진 이 연구는 스탠포드대학 심리학과에서 경영하는 대학부설 어린이집에서 실시한 실험에서 비롯되었다. 이 어린이집은 부모의 동의 하에 새로운 창의교육 등을 시도하였는데, 특히 어린이 행동관찰을 통한 연구를 진행 중이었다.

마시멜로 연구는 다음과 같이 진행되었다. 테이블 앞에 앉아 있는 아이에게 마시멜로 한 개가 놓인 접시를 건넨다. 그리고는 선생님이 잠시 동안 나갔다 올 텐데, 그 사이에 마시멜로를 먹지 않고 기다린다면 마시멜로 한 개를 더 주어서 두 개를 받을 수 있다고 일러둔다.

하지만 아이가 기다리지 못하고 마시멜로를 너무나 먹고 싶어 한다면 벨을 누르라고 하였다. 벨 소리를 듣고 선생님이 방으로 곧장 들어오면 그때 접시 위의 마시멜로 한 개를 먹을 수 있는데, 이 경우 결국 기다리지 못한 것이니 또 다른 마시멜로는 받지 못할 것이라 하였다.

마시멜로 두 개를 받기 위해 선생님이 돌아올 때까지 먹지 않으려고 기를 쓰다가 결국은 눈앞에 있는 맛난 마시멜로를 못 참고 먹어버리는 아이들도 있었고, 아예 기다릴 생각도 하지 않고 받자마자 먹어버리는 아이들도 있었다. 물론 그 중에는 선생님이 올 때까지 참고 기다린 덕분에 두 개를 받아든 아이들도 있었다. 이 연구는 아이들이 더 큰 즐거움을 위해 잠시의 욕구를 참아낼 수 있는 능력, 내지는 성향을 보는 연구였다.

그런데 연구자인 월터 미셸의 딸이 당시 바로 그 유치원에 다니는 아이 중 하나였다. 마시멜로 연구를 시행한 지 10여 년이 지난 후, 월터 미셸은 성인이 된 딸과 이야기를 하다가 예전에 함께 그 유치원을 다니던 친구들의 현재의 근황을 듣게 되었다. 한 친구는 명문대학교를 졸업한 뒤 안정된 직장을 다닌다 하였고, 어떤 친구는 전공을 계속 바꾸다가 결국 학교를 그만둔 상황이었다고 한다. 또 다른 친구는 학교를 다니다가 대중음악 엔터테인먼트 쪽에서 일하고 있는 등 이런저런 소식들을 전해주었다.

그런데 그 친구들이 대학을 가고 학교를 졸업한 이후의 이야기를 듣다가 그들의 행보가 10여 년 전 마시멜로 연구결과와 상관관계가 있다는 것을 깨달았다. 마시멜로 테스트를 성공한, 즉 선생님이 다시 올 때까지 마시멜로를 먹지 않고 기다렸던 아이들은 학업적으로 다들 성공적인 과정들을 밟아가고 있는 것이었다.

월터 미셸은 훗날의 보상을 기대하면서 현재 참아내는 성향이 학업적 성공에, 혹은 직업적인 성공과 어떤 상관관계가 있는지를 다시 여러 자료를 통해 정리하기 시작했다. 미국 대학입시에 사용되는 SAT 시험 점수로 볼 때 마시멜로 테스트를 통과한 아이들이 그렇지 않은 아이들보다 평균 몇십 점 정도 더 높은 결과가 나왔다.

이 연구는 보상을 미룰 수 있는 능력이 학업적, 직업적 성공과 관련이 있다는 결과로 이후 널리 알려졌다. 그런데 유치원 때의 마시멜로 테스트가 20대 초반으로서 대학과 직업을 시작하는 시기의 성과와 관련이 있다고 해도, 그게 꼭 성공하는 성격이라고 단정할 수는 없었다.

또는 보상을 미루는 행동이 꼭 성향이나 능력으로 고정되는 것이라 단정할 수도 없다. 그 연구 참여자들을 계속 추적한 결과, 학교를 성실하게 마친 것이 꼭 인생에서 성공한 것으로 이어지는 것만도 아니었다. 사회적 관계의 능력과 만족이 더 중요해지고, 시간이 지날수록 사회적인 행복 추구가 일에서의 성공으로 연결되기도 한다.

하지만 월터 미셸이 강조한 것은 흔히 생각하는 것과 달리 '개인의 성향은 고정된 것이 아니라 상황에 따라 변한다'는 것이다. 개인의 일관성이 전혀 없다는 의미는 아니지만, 이 일관성은 상황과 시간적인 제약에 따른 것이다. 보상 지연도 개인이 연습하고 주의과정을 조절하면서 스스로의 인지과정을 통제할 수도 있다.

제넷 멧카프J. Metcalfe와 월터 미셸은 이것을 '차가운 인지'와 '뜨거운 인지' 구조로 설명한다. 예를 들어서 마시멜로 테스트에서 마시멜로에만 집중하면 먹고 싶은 욕구를 조절하기 어려

우므로 지금 눈앞에 있는 욕구의 대상을 바꾸어 생각해볼 수도 있고 주의를 다른 곳으로 돌릴 수도 있다.

내가 스스로 통제하고 관리할 수 있다는 것은 자기효능감을 높이고 삶의 동기와 의욕을 강화시킬 뿐만 아니라 성공적인 삶을 사는 바탕이 된다. 통제감은 삶의 질에 중요하다. 미국에서 한 심리학 연구팀이 요양원에서 이 통제감을 연구한 적이 있다.

어느 요양원에 심리학과 대학원생들을 포함한 연구진이 주기적으로 방문하면서 환자들을 대상으로 음악, 댄스, 게임, 미술, 운동 등 여러 활동을 함께 한 연구였다. 중요한 점은 요양원 환자들에게 연구진들이 언제 방문할지, 그리고 어떤 활동을 할지를 그들이 직접 결정하도록 했다는 점이다. 환자들이 직접 삶에서 스스로 통제할 수 있는 영역이 생긴 것이다.

장기적으로 연구를 진행한 결과, 놀랍게도 이런 통제감만으로도 이 분들의 건강이 더 좋아졌고 다른 비교집단보다 사망률 또한 줄어들었다. 연구진은 성공적인 연구결과를 발표하고 연구를 종료했다. 그런데 더 이상 연구진이 이 요양원을 방문하지 않게 되자 요양원에 계신 분들의 건강이 갑자기 나빠지고 사망률도 높아지는 예상치 않은 문제가 발생했다. 연구진은 크게 당황했다.

이후에 실제 상황에서 연구를 진행하는 것을 두고 그 윤리적 책임에 대한 논의도 많아지게 되었다. 그만큼 통제감은 삶에서 매우 절실한 것임이 증명된 것이다.

....

Lisa Feldman Barrett (2018) "Try these two smart techniques too help you master your emotions" New York Times.

Lathia, N., Sandstrom, G. M., Mascolo, C., & Rentfrow, P. J. (2017). Happier people live more active lives: Using smartphones to link happiness and physical activity. *PloS one, 12*(1), e0160589.

Seligman, M. E., Steen, T. A., Park, N., & Peterson, C. (2005). Positive psychology progress: empirical validation of interventions. *American psychologist, 60*(5), 410.

Robert A. Emmons, Michael E. McCullough (2003) "Counting blessing versus burdens: An experimental investigation of gratitude and subjective well-being in daily life" Journal Personality and Social Psychology, 84 (2), 377-389.

Sonya Lyubomirsky, Kennon M. Sheldon, David Schkade (2005). Pursuing happiness: The architecture of sustainable change. Review of General Psychology, 9(2), 111-131.

J. Vitkus, and L. M. Horowitz, "Poor social performance of lonely people: Lacking a skill or adopting a role", Journal of Personality and Social Psychology 52 (1987): 1266-73.

Mischel, W. (2014). *The marshmallow test: Understanding self-control and how to master it.* Random House.

Mischel, Y. Shoda, and R. E. Smith, Introduction to personality: Toward an integration, 7th ed. (New York: Wiley, 2004).

Gibert, D. (2007). *Stumbling on happiness.* Vintage

6
사회적 연결

질병보다 외로움이 더 위험하다

84년간 이어진 연구

행복에 관해 가장 장기간 이루어진 추적 연구는 하버드 성인발달 연구다. 1938년에 시작된 이 연구는 하버드대 남학생 268명과 보스턴의 가난한 지역에 살고 있는 남학생 456명을 평생 동안 추적한 연구인데 놀라운 점은 84년이 지난 지금까지도 계속되고 있다는 것이다.

아직 생존해 있는 연구 참여자들은 아흔 살을 넘긴 고령의 노인들이며, 연구를 진행하는 연구팀 역시 세대가 바뀌면서 연구를 이어가고 있다. 지금은 연구 대상자들의 자녀와 손주들을 연구하고 있는데, 연구 참여자 중에는 존 F. 케네디 대통령도 포함되어 있다고 한다.

이 연구의 네 번째 연구책임자이자 정신과 의사인 로버트 월딩어Robert Waldinger는 하버드 성인발달 연구의 결과가 주는 메시지를 이렇게 요약해서 설명한다.

지금까지의 연구결과는 놀랍도록 확실했다. 만족스럽고 좋은 인간관계가 우리를 행복하고 건강하게 해준다는 것이다. 이 연구를 통해 우리는 세 가지 메시지를 얻었다.

첫째, 사회적 연결은 우리에게 정말 유익함을 주지만, 외로움은 생명을 단축시킨다. 가족, 친구, 지역사회와 잘 연결된 사람은 행복하고 신체적으로도 건강하며 더 오래 산다. 외로움은 치명적으로 해롭다. 사회적으로 고립된 사람들은 삶이 만족스럽지 않고 건강이 쇠퇴하고 중년기에 뇌기능이 떨어지는 경향이 있다. 외로움은 단순히 주변에 친구들이 있거나 배우자가 있다는 것과는 다른 차원이다. 대중 속에 끼어 있더라도 외로울 수 있고 배우자와 자녀가 있더라도 외로울 수 있다.

둘째, 사회적 관계의 숫자보다 질이 중요하다는 것이다. 애정이 없고 갈등이 많은 결혼생활은 이혼한 것보다 건강에 훨씬 더 해롭다. 50세 때 삶의 여러 가지 요인 중에서 훗날 80세에 건강하고 행복하게 살 수 있는지를 가장 잘 예측한 인자는 콜레스테

롤 레벨도 아니고 경제적 수준도 아니었다. 50세 무렵의 사회적 관계가 가장 만족스러웠던 사람들이 80세에 가장 건강한 사람들이었다. 행복하고 밀접한 사회적 관계는 건강의 쇠퇴와 통증에도 보호 효과를 보였다.

셋째, 좋은 사회적 관계는 신체적 건강뿐 아니라 뇌의 건강도 예측한다. 80세에 신뢰할 수 있고 의지할 수 있는 좋은 인간관계를 가진 사람들은 인지능력이 여전히 좋았고 기억의 쇠퇴가 덜 나타났다. 이런 관계는 항상 즐겁기만 해야 하는 것이 아니다. 매일 자잘한 다툼이 있더라도 상대방을 진정으로 위하는 사회적 관계가 있다면 좋은 것이다. 인생은 짧다. 미워하고 다툴 시간이 없다. 인생은 서로 사랑하고 좋은 관계를 유지할 시간만으로도 충분히 바쁘다.

지금까지 시행된 행복 연구 중 가장 장기간 진행되어 온 하버드 성인발달 연구의 결과는 여러 시대와 인생의 단계를 지나면서 삶이 어떻게 펼쳐졌는가를 통해 행복한 삶이 어떠한 것인지를 알려준다. 이 연구에서 발견한 것은 특히 사회적 관계가 이전에 생각한 것보다 훨씬 더 중요하다는 점이다.

행복하고 건강한 삶을 위해서 어떻게 살아야 할 것인가? 젊은 세대에게 인생의 목표가 무엇이냐고 물어보면 경제적인 성공이나 명성이라고 대답한다. 그런데 이 목표는 아무리 열심히 일해도 도달하지 못하도록 계속해서 높아질 뿐이다.

결혼한 커플 관계의 퀄리티에 관해서도 새로운 발견이 있다. 이전에 있던 많은 장수 연구들은 결혼한 사람들이 혼자 사는 사람들보다 장수한다는 통계를 보여주었다. 그런데 단순히 두 집단을 비교한 통계조사에서는 복잡한 삶의 다양한 모습을 보여줄 수가 없다.

하버드 성인발달 연구에서는 두 번 결혼한 사람도 첫 번째 결혼을 유지하는 사람들과 마찬가지로 행복한 결혼생활을 이어가는 경우가 많았음을 확인하였다. 오래전의 연구들은 이혼을 결혼에 실패한 것이라고 표현했고 이혼의 원인을 성격적 결함이나 문제 대처능력의 부족으로 보는 경우가 많았다. 참고 살아야 한다는 조언이나 스스로를 고치라는 조언들이 항상 옳은 것은 아니다. 두 사람이 함께 살기에는 여러 이유로 인해 맞지 않을 수가 있는 것이다.

하버드 성인발달 연구에서는 보스턴의 가난한 지역 출신의 남성들로 구성된 대조군도 추적을 계속 이어갔다. 하버드 집단이나 대조군 집단 모두 마찬가지로 부모의 사회적 지위나 계층, 지능지수, 경제적 소득은 수명과 행복을 예측하는 요인이 아니었다.

사회적 관계는 대단히 중요하지만 이에 못지않게 사회적

관계의 맥락도 매우 중요하다. 어릴 때 어머니와 따뜻한 관계를 맺고 있었다면 어머니와의 관계가 좋지 않았던 사람들보다 더 소득이 높다는 결과가 나왔으며(이 연구결과 상으로는 한 해 평균 8만 7,000달러를 더 벌었다) 나이 들어서 치매에 걸릴 가능성도 훨씬 적었다.

사회적 관계가 젊은 뇌를 만든다

낯선 환경에 둘러싸여 있을 때, 새로 다니기 시작한 직장에서 낯선 동료들 틈에 있을 때, 당연히 외로울 수밖에 없다. 사람들이 옆에 있어도 나 혼자 있다는 생각을 떨칠 수가 없다. 결혼한 사람 중에는 '너무나 외롭다'고 말하는 이들도 많다. 가족들과 함께 살아도 그 누구도 나를 이해해주지 않는다는 생각에 한없이 외로워진다. 어떤 사람은 나 혼자 있을 수 있는 시간이 없어서 외로움을 느끼기도 한다.

외로움은 단순히 친구의 수나 사회적 네트워크의 양으로 결정되지 않는다. 사람들 틈에 있다고 해서 외롭지 않은 것도 아니다. 나의 외로움을 채워줄 수 있는 사람도 있고, 나를 더 외롭게 하는 사람도 있다. 외로움은 내가 나의 사회적인 세계에 대해 스스로 느끼는 바에 따라 결정된다. 지극히 내성적이고 혼자 있는 것을 선호하는 사람이라면 혼자 있다고 해서 외로진 않을 것이다. 반대로 사람들과 어울리고 싶지만 맘처럼 되지 않을 때에도 외로움이 클 것이다. 심리학자들은 외로움을 '지각된 고립'이라고 설명한다.

하버드대학의 연구자 리사 버크맨Lisa Berkman은 대규모 종단 역학 연구에서 사회적인 연결의 수가 적은 사람이 그렇지 않은 사람보다 이후 9년 동안 사망할 가능성이 더 많다는 것을 발견했다. 이 발견은 흡연, 건강행동, 사회경제적 위치를 모두 고려한 후에도 유의미한 결과였다.

나이가 들면서 주름살이 생기고, 흰머리가 늘어간다. 외모뿐 아니라 신체 내의 기관과 세포 자체도 노화가 진행된다. 동맥이 좁아지고, 혈압은 높아지고, 신장, 폐, 면역기관이 모두 약해진다. 인간의 체세포는 나이가 들수록 노화가 진행되지만, 특히나 사회적으로 고립되거나 지속적인 스트레스를 받을 때 이런 세포의 노화는 더욱 촉진된다.

사람들과 대화할 때도 외로운 사람은 자신이 그 자리에 있다는 생각이 들지 않는다. 그래서 그 순간의 대화에 건성으로 대답하거나 왜곡하여 받아들이는 경우가 생긴다. 머릿속에는 이미 자신이 다른 곳에 있다고 느낀다. 다른 사람을 피한다기보다 그 순간에 충분히 그 자리에 존재하지 않은 것이다. 게다가 남들이 나를 이해하지 못한다고 느낀다. 혼자라는 생각은 주변에 사람이 없어서만이 아니라 의미 있는 관계, 즉 사회적 연결이 없다는 느낌 때문에 생긴다.

외로움의 폐해는 인지적인 기능에서도 나타난다. 외로움은 집행기억이라고 말하는 주의집중, 억제, 통제능력의 감소와 연관되어 있다. 집행기억은 뇌의 가장 고등 인지 기능을 담당하는 전두엽의 기능이다. 외로움은 뇌의 입장에서 보면 생존과 관련되는 위기상황이다. 고립되어 있다는 것은 살아남을 가능성이 줄어든다는 의미다.

외로움이라는 위기상황 가운데, 특히나 위기가 되는 것은 사회적인 연결이고 따라서 뇌는 사회적 연결에 집중하고 민감하게 반응한다. 위기상황이 지속될 경우 역기능이 만들어져 그 결과 통제 기능과 주의집중 기능 모두가 저하된다.

사회적인 연결은 곧 건강에 직접적인 영향을 준다. 점점 역학 연구와 심리학, 면역학, 뇌과학 연구가 함께 이루어지면서 새로운 과학의 발견이 폭발적으로 이루지고 있다. 심리학자 존 카치오포John Cacioppo는 면역학자 스티브 코울Steve Cole과 함께 유전자의 표현형이 사회적 연결에 의해 달라지고 그럼으로써 신체의 노화과정 자체가 달라진다는 것을 보여주었다.

외로움은 사회적인 환경을 더 위협적으로 지각하게 만든다. 위협에 대한 반응은 싸우거나 도망치는(fight-or-flight) 기제를 작동시키는데 이런 기제는 일상생활에서 경험하는 말초신경계의 반응으로 잘 알 수 있다. 위협적인 상황에 닥치면 심장박동이 빨라지고, 폐의 용량이 커지면서 혈관이 수축되고, 동공이 커지고, 근육이 수축되어 움직임을 준비하지만 소화기관의 활동은 억제된다.

이런 신체의 변화는 자율신경계의 교감신경계가 활성화되어 일어나는 반응이다. 즉 싸우거나 도망치기 위한 신체적 준비에 과도하게 집중하게 되어 면역적으로는 싸움의 상처에 대비하기 위한 항염증성 반응에 집중하게 되고, 그럼으로써 항바이러스 반응은 낮아지게 된다. 외로운 사람들이 더 쉽게 감기에 걸리고 큰 병에도 더 취약해지는 이치다.

외로움과 사회적 고립은 뇌의 노화 또한 촉진시킨다. 사회적 관계는 절친이라야 가능한 것도 아니고, 혈연으로 맺어진 가족끼리여야 가능한 것도 아니다. 자신이 속한 커뮤니티에서 얼마든지 의미 있는 관계를 찾을 수 있다. 동아리 활동, 함께 배우는 모임, 봉사활동, 종교적 모임도 좋다. 열린 마음으로 사회적인 연결을 만들고 유지하는 것은 건강한 뇌를 만들고 행복한 삶을 사는 데 필수 조건이다.

가십의 정석

가십은 기능적인 성격을 갖고 있다. 우리는 늘 타인에 대한 이야기를 화젯거리로 올린다. 많은 사람들이 가십에 대해 부정적으로 생각하고 있지만, 심리학 연구에 따르면 가십은 단순히 시간을 때우거나 재미를 찾는 것뿐 아니라 사회적인 목적을 가지고 있으며 공동체를 유지하기 위한 기능마저 갖고 있다고 한다. 게다가 가십이 사회적인 뇌를 활성화시킨다는 연구도 있고 친구관계를 더 돈독하게 만든다는 결과도 나와 있다.

역사학자 유발 하라리Yuval Harari는 저서 《사피엔스》에서 가십이 인류의 역사에서 사회적 집단을 더 크게 만드는 데 기여했다고 주장한다. 인류학자인 로빈 던바Robin Dunbar는 인간의 가십은 영장류 동물의 상호적 그루밍과 마찬가지로 집단의 유대감을 형성하는 역할을 해왔다고 설명한다.

가십의 어원은 고대 영어의 'godsibb' 즉 대부나 대모, 세례 후원자를 말한다. 문자 그대로는 '하나님 안에서 관련된 형제자매나 친지'를 뜻한다. 중세 영어에서 가십은 '친한 친구 등 다른 사람들에 대한 이야기를 같이 나누는 사람'이라는 의미로 사용되었다.

시간이 흘러 가십은 '만담, 잡담'이라는 뜻으로 사용되기 시작했고 현대에 이르러 '남의 이야기를 하는 것' 특히 '구미가 당기는 재미있는 소문'이라는 의미로 통용되고 있다. 그러다 보니 가십이 나쁜 소문을 퍼뜨리는 것과 동격으로 사용되기도 한다.

가십을 연구하는 학자들은 '그 자리에 없는 다른 사람의 이야기를 하는 것'으로 가십의 정의를 넓게 사용하고 있다. 실제로 대규모 데이터를 분석한 메타연구에 따르면 가십의 75퍼센트는 긍정적이지도 부정적이지도 않은 내용이다. 다른 사람이 나에 대한 이야기를 하는 것은 우리가 생각하는 것보다 더 긍정적이라고 한다. 그리고 부정적인 내용의 가십이라도 듣는 사람에게 해가 가지 않도록 정보를 공유하는 목적으로만 오가는 경우가 많다.

최근에 다트머스대학의 연구자들은 공공재 게임을 사용한 실험을 통해, 가십이 집단의 협력을 증진시킨다는 사실을 보여주었다. 참여자들은 일정 금액의 돈을 받게 되고 그 돈을 자기가 가질 수도 있고 집단 기금의 일부로서 투자할 수도 있게 선택지를 두었다. 집단 기금에 들어간 돈은 액수가 50퍼센트가 증가되고 집단 전체에 균등하게 분배된다. 따라서 다수가 집단 기금에 투자하면 모든 사람에게 이익이 되지만 나 혼자만 집단 기금에 투자하면 손해가 되는 식이다.

재미있는 사실은 이 게임에서 다른 참가자와 비공개로 채팅을 할 수 있는 조건을 주었을 때 여러 종류의 가십이 등장했다는 점이다. 참여자들은 서로의 행동을 통해 사회적인 학습을 익히게 됐으며 자연스레 서로 간의 협력이 증가했다. 그들은 마침내 연구에 다시 참가할 의사를 보였다. 가십은 낯선 사람들이 유기적으로 연결될 수 있는 기회를 만들기도 한다는 사실을 입증한 것이다.

물론 모든 가십이 유용한 것은 아니다. 악의를 가진 가십이나 잘못된 가십은 다른 사람의 평판에 해를 끼치고 공동체의 유대관계를 망칠 수도 있다. 그러나 제대로 된 가십에는 사회적 즐거움이 있고 정보가 있다. 직접 만나서 이런저런 수다를 떨고 개인적인 이야기를 털어놓기도 하는 친밀한 관계는 우리의 삶을 풍요롭게 만든다.

공감능력은 생존이다

추석이나 설 등 명절이 다가오면 신문과 방송에 등장하는 내용이 있다. 명절 때 가족 모임에서 하면 안 되는 말, 해도 되는 말, 공감 대화법 등등의 이야기들이다. "취직 언제할 거니?" "결혼 언제할 거니?" "연봉은 어느 정도니?" "장래 계획이 뭐니?" "다 너 잘 되라고 하는 말이야."

이미 많은 사람들은 이러한 말들이 가족 간에 상처만 주고 사이만 나빠지게 만들 수 있음을 알고 있다. 그런데 그 와중에도 꼭 이런 말씀만 골라 던지는 분들이 있기 마련이다. 내가 무심코 던진 말이 상대에게는 큰 상처와 괴로움을 줄 수 있다는 걸 늘 염두에 두고 살아야 한다. 타인의 입장과 마음을 공감해주는 태도가 그래서 필요한 것이다.

18세기에 등장한 경제학의 대부 아담 스미스는 공감의 개념을 처음 개념화한 학자들 중 한 사람이다. 아담 스미스는 공감을 설명하면서 "동료 느낌fellow feeling"이라고 표현하였는데, 다른 사람에게 일어나는 일을 나에게도 일어나는 것처럼 감지하는 것을 설명한 개념이다.

영어로 '공감'을 뜻하는 'empathy'의 어원에 가까운 단어가 독어의 'Einfühlung'이다. 이 단어는 'feeling into'의 의미로, 다른 사람의 감정을 이해하고 나누는 능력을 의미한다. 다른 사람이 외줄을 타고 아슬아슬하게 걸어가고 있는 것을 볼 때 나도 내가 언제 떨어질지 불안해서 온 몸이 반응하는 것과 같은 경험을 하는 것이다.

공감은 다른 사람의 감정적인 느낌을 함께 경험하는 것 이상의 의미가 있다. 공감은 일차원적인 것이 아니라 상황과 경험, 그리고 나의 인지적 조절에 따른 다양한 측면을 가지고 있다. 영장류학자인 프란스 드 발Frans de Waal은 공감에는 여러 단계가 있다고 설명한다. 공감의 가장 중심에는 단순한 움직임과 지각의 기제가 있고, 높은 단계로 갈수록 더 복잡해진다. 공감의 능력 가운데에는 다른 사람의 입장에서 생각할 수 있는 능력도 포함된다.

공감은 세 가지 요인을 가지고 있다. 첫째는 지각적이고 감정적인 공감이다. 다른 사람이 느끼는 감정이나 행동을 공유하는 생물학적인 기제를 말한다. 이런 기제는 인간이 아닌 다른 동물들에게서도 많이 발견되고, 엄마와 아기의 관계나 함께 모여 사는 집단에서 쉽게 관찰할 수 있다. 생물학적으로 적응하고 생존하기 위한 기제라고도 할 수 있다.

둘째는 인지적인 공감이다. 다른 사람의 입장에서 생각할 줄 알고, 다른 사람의 의도나 믿음을 예측하는 능력이다. 심리학에서 말하는 '마음이론'은 겉에서 보이는 모습이 아닌 다른 사람의 정신적인 상태를 이해하고 예측할 수 있는 능력을 말한다.

셋째는 친사회적인 행동을 말한다. 다른 사람이 고통 받고 있을 때 그 고통을 안다는 것과 도와주려는 동기는 다른 차원이다. 학교폭력을 예로 들면, 때리는 학생이라도 맞는 아이가 아플 거라는 사실은 분명 알고 있다. 다시 말해 어떻게 하면 심리적으로도 더 고통스러울지 알고 괴롭힌다는 사실이다. 감정적, 인지적인 공감이 공감적 배려와 친사회적인 행동으로만 항상 연결되는 것은 아니란 얘기다.

함께 살아가는 데 있어서 다른 사람들과 사회적 관계를 형성하는 것은 너무나 중요하기 때문에 공감능력은 생존에 필수적인 능력이다. 공감은 아주 기본적인 '자아' 또는 '자기감각'에서 시작한다. 감정적 공감의 기본은 감정의 전염이다. 누군가 하품을 하면 다른 사람도 따라서 하품을 한다. 남들의 움직임을 무의식 중에 따라하는 경험을 하게 되는데, 이렇듯 다른 사람의 경험이 나의 경험처럼 되는 것을 두고 프란스 드 발은 '신체적 공감'이라 명명하였다.

아기들은 한 살이 되어가면서 절반 이상은 어느 정도의 친사회적 행동을 보이기 시작한다. 엄마가 울면 같이 따라 우는 행동이 그러하다. 엄마나 다른 사람들이 슬프거나 괴로운 것처럼 행동하거나 표정을 지으면 기어갈 수 있는 아기들은 그 사람에게 다가가 위로하는 듯한 행동을 취한다. 손으로 토닥토닥하거나 안아주는 듯한 제스처를 하기도 한다. 다른 아기가 울면 자기의 우유병을 건네주기도 한다. 아기들도 자라나면서 사회적이고 문화적인 영향 속에서 사회적인 기술과 소통의 능력을 만들어가는 것이다.

나이가 들어갈수록 공감능력은 더없이 중요해진다. 그렇다면 이러한 공감능력을 어떻게 키울 수 있을까? 공감은 다른 사람의 눈으로 보고 다른 사람의 귀로 들을 수 있는 능력이다. 내 입장에서 다른 사람을 이해하는 것이 아니라 다른 사람의 입장을 받아들이는 것, 그리고 실제적으로 도움이 되는 친사회적인 행동을 하는 것에도 우선 그 맥락을 이해한 다음에 행동으로 보이는 것이 필요하다.

남의 입장이 되어 외로움 체험하기

외로울 때는 마음을 둘 곳도 없거니와, 정신적으로도 한 자리에 집중하기 힘들다. 다른 사람과 대화하면서도 항상 마음이 어딘가 다른 곳에 있다. 누군가와 말을 하더라도 상대방이 보이는 반응에 대해 자기만의 생각으로 가득 차, 그 상황과 전혀 맞지 않는 왜곡된 반응을 보이곤 한다. 문제는 내가 계속 인지적으로 왜곡된 사회적 반응을 보일 때 결국 사람들은 나에 대해 우호적이지 못한 반응을 보이는 '자기실현적 예언self-fulfilling prophesy'이 생길 수 있다는 점이다.

이런 행동과 마음과 사회적 환경의 관계는 서로 영향을 주면서 점점 더 굳어지기 쉽다. 외로움은 사회적인 고립을 만들 수 있고, 사회적인 고립은 위협과 공포에 민감한 생리적인 구조를 강화시킨다. 교감신경계의 반응을 높이고 스트레스 호르몬도 높아진다. 이런 악순환의 고리를 끊을 수 있는 부분은 바로 행동에서 찾아야 한다.

사회심리학 연구에서 보여준 롤 플레이를 실행해보자. 외로움 지수가 높게 나온 연구 참여자들도 상대방의 문제를 들어주는 역할로 할당되었을 때는 그 역할을 감당할 수 있다. 일단 외워서라도 다른 역할을 해보는 것이다. 어떤 역할을 외워서라도 행동할 때 주어진 시간 안에서는 그 상황에 집중하고 사회적인 연결을 형성할 수 있다.

　작은 상황 안에서, 그리고 목표를 정해놓은 시간 안에서는 사회적인 집중과 연결이 가능하고, 그 자리에 있는 연습을 하는 것 또한 가능하다. 리더의 역할, 사업가의 역할, 자유로운 예술가의 역할, 혹은 도움이 필요한 사람에게 코치해주는 역할도 할 수 있다.

　나의 시각에서 바라본 느낌을 써보거나 역할을 바꾸어보는 것도 연습이 된다. 상담심리학의 치료방법 중 인지행동치료는 우리의 생각을 바꾸는 것과 행동을 바꾸는 것을 목표로 한다. 그런데 외롭다는 것은 이미 위협을 받고 있는 상황이기 때문에 생각과 행동을 바꾸는 것이 쉽지 않다. 그래서 새로운 시각과 행동의 패턴으로 연착륙하는 것이 필요하다.

　인지행동치료에는 숙제가 나온다. 내 생각을 써보고 다시 내 인생의 스토리를 다른 시각으로 써보는 것이다. 지금 나의 인생의 주인공은 나 자신이다. 이럴 때 다른 시각으로 내 인생의 스토리를 다시 써보는 것이다.

사회심리학자 존 카치오포는 사회적인 연결을 세우기 위한 단계를 이렇게 설명한다. 첫째는 스스로 먼저 뻗어나가 남들에게 다가가는 것이다. 평범하고 가벼운 대화라도 그 순간 상대방이 내가 하는 말을 그대로 받아들여주고 진심을 알아들을 수 있다면 그것만으로도 행복감은 커진다. 타인에게 다가가는 것도 연습이 필요하다. 봉사활동을 하거나 관심이 필요한 이웃을 찾아서 도움을 주는 것은 나의 자존감을 높여주는 귀중한 경험이다.

두 번째는 행동 계획을 세우는 것이다. 계획을 세우는 것은 내가 할 수 있는 한계를 인정하고 가능한 부분 안에서 조절하는 것이다. 새로운 만남에 대한 현실적인 기대를 가지고 어떤 활동에 참여하는 것 자체에 관심을 가지면서 한 걸음씩 시작하면 된다.

세 번째는 선택과 집중이다. 외로움의 해결책은 사회관계의 양보다 질에서 찾아야 한다. 사회관계는 상호적이어서 노력과 시간이 필요하다. 친구들과의 관계를 유지하는 것에도 투자가 필요하다는 얘기다. 시간도 들여야 한다. 다양한 사람들을 만나는 것도 의미가 있으나 선택과 집중을 해야 할 때는 나와 비슷하고 잘 맞는, 공통점이 많은 사람들과 더 사회적 관계를 잘 형성할 가능성이 많다.

마지막으로는 긍정적으로 기대하는 것이다. 자기방어적인

기제는 외로움의 전형적인 모습이다. 그런 자기방어를 내려놓고 위협에 대한 불안감을 긍정적인 기대로 만들어보자.

관계의 서클을 그려보라

나의 사회적 연결을 생각해보면 몇 겹의 원을 그릴 수 있다. 한가운데에 내가 있고 내 바로 주변의 원에는 가장 가까운 가족이나 친구가 있다. 그리고 그 다음 겹의 원에는 내가 마주치는 사람들, 이웃이나 동료, 자주 연락하지는 않으나 만나면 즐거운 동창도 있다. 체육관에서 요가를 같이 배우고 끝난 뒤 한두 마디 안부를 묻기도 하는 지인들도 있다. 그리고 그 다음 겹의 원에는 나와 일상에서 만남이 없더라도 내가 사는 커뮤니티에서 연결된 사람들이 있다.

어떤 연구자들에 의하면 나와 가장 가까운 이너서클에 들어올 수 있는 사람은 보통 네 명을 넘기지 못한다고 한다. 하지만 그 다음 서클의 사회적 연결이 삶의 질에 큰 영향을 미친다는 것이다. 가장 행복한 사람들은 아주 가까운 절친이 많아야 한다기보다 전반적인 사회적 연결이 많은 사람들이다.

물건을 사러 가서 직원과 한두 마디 건네는 대화나, 내가 산 물건을 옆에서 집는 사람을 보며 '어. 나랑 똑같은 걸 사네'

하며 주는 눈길, 콘서트에 가서 나와 비슷한 음악 취향을 가지고 있는 사람들과 한 자리에 앉아 있을 때, 프로야구를 보러 가서 내 편을 같이 응원하는 주변 사람들에게 연대감을 느끼는 것 등이 모두 그것에 포함된다. 내 편이 졌을 때 같이 실망하고, 내 편이 이겼을 때 같이 기뻐하는 것은 크나큰 연결이다. 내가 아닌 우리가 되기 때문이다.

심리학자 아서 아론Arthur Aron은 '친밀해지는 것'에 관한 36개의 질문을 만들었다. 그리고 이 질문들을 처음 만난 사람들에게 건네고 대화를 나누었다.

"저녁파티에 이 세상 누구라도 초대할 수 있다면 누구를 초대하고 싶나요?"

"유명해지고 싶다면 어떻게 유명해지고 싶은가요?"

"당신에게 완벽한 하루라면 어떤 날인가요?"

"혼자 노래한 적이 언제가 최근이었나요? 남에게 노래를 해준 것은 언제였나요?"

좀 더 개인적인 질문도 포함한다.

"어머니와의 관계는 어떤가요?"

마지막 질문들은 상대방과의 관계를 친밀하게 하는 직접적인 내용을 포함한다. 지금 만난 상대방에 대해 어떤 점이 마음에 드는지를 물어보는 것이다. 또 다른 것은 나의 개인적인 문제를 한 가지 털어놓고 이 상대방으로부터 어떤 조언을 들을 수 있는지 물어보는 것이다.

아론이 실험실에서 진행한 이 연구는 '사랑에 빠지는 법'으로 알려져 있다. 실제로 그 연구에 참여한 참여자들 중 한 커플은 결혼에 성공하기까지 했다. 그러나 친밀감에 대한 연구는 이성과 사랑에 빠지기 위한 조건을 보는 연구는 아니다. 이런 연구에서 보여주는 것은 우리가 열린 마음으로 상대방을 이해하고 대화할 때 친밀해질 수 있다는 점이다. 벽을 쌓고 사는 것에 익숙해진 시대이지만 사람들과의 만남을 추구하는 것은 인간의 본질이다.

나이 들수록 더 행복하다는 게 사실일까?

무엇이 사람들을 행복하게 할까? 인류의 역사만큼이나 오래된 질문이다. 수많은 철학자, 심리학자, 뇌과학자들이 행복의 의미와 조건을 연구했다. 수명이 늘어가면서 장수보다도 사람들에게 더 중요한 것은 행복하게 나이 들어가는 것이라 한다. 흔히 사람들은 경제적인 성공이 행복하게 나이들 수 있는 가장 중요한 요건이라고 생각하지만 그렇게 간단한 문제만은 아니다.

신체적으로 건강하고 경제적으로 안정되면 행복이 보장될

까? 시카고대학의 심리학자 존 카치오포는 건강, 노화, 사회적 관계 연구에서 대도시에 거주하는 50세에서 68세까지의 중장년층을 3년간 따라다니면서 조사한 결과, 행복을 예측하는 가장 중요한 요인 세 가지를 찾아냈다.

첫째는 사회적 연결이다. 이 연구는 대도시에 거주하는 50~60대를 대상으로 하고 있다. 현대의 삶은 가까이 연결된 이웃이나 친족 등으로 구성되어 살던 과거 시절과는 달라졌다. 그러니 사회적 연결을 위해서는 적극적인 노력이 필요한 시대이다. 많은 커리어에서 특히 네트워킹이 가장 기본적인 능력이자 자원이 되고 있다. 프로페셔널한 연결뿐 아니라 의미 있는 사회적 연결은 개인의 삶에 절대적으로 중요하다.

둘째는 경제적 수입이다. 그런데 이 요건은 좀 더 복잡하다. 경제적 수입은 행복의 정도와 분명히 관련이 있긴 하지만, 행복과 경제적 수입의 상관관계의 방향은 예상과 반대의 방향으로 이루어질 때도 많다. 경제적 여유가 행복을 만드는 것이 아니라, 오히려 행복이 경제적 수입의 증가를 예측하는 단서가 되기 때문이다. 행복한 사람은 사회적인 연결을 더 풍성하게 만드는데, 현대 커리어에서는 사회적 연결이 원활할수록 창의적인 의사결정에 더 큰 도움을 받으며 훗날 성공적인 커리어를 이룰 수 있게 된다.

셋째는 나이다. 나이와 행복은 당연히 관련이 있는데, 모두의 예상과는 달리 나이가 많을수록 행복감이 더 크다는 결론이 나왔다. 이런 결과가 심리학에서는 그다지 놀라운 일이 아니다. 노년에 들어서 더 행복을 느낀다는 사실은 이미 널리 알려져 있기 때문이다.

스탠포드대학의 심리학자 로라 칼스텐슨은 사회정서선택 이론을 발표하였는데, 이는 나이가 들수록 정서적인 목표에 더욱 선택과 집중을 하게 되고, 그로 인해 정서적인 조절을 더 잘 하게 된다는 내용이다.

코로나19 팬데믹이 계속되던 2021년 2월 '하버드 비즈니스 리뷰'에 발표된 보고에 따르면 미국인의 36퍼센트가 심각한 외로움을 겪고 있는데, 특히 이 수치에서 청년들의 경우는 무려 61퍼센트에 달했다. 어린 자녀를 둔 엄마들도 51퍼센트가 심각하게 외롭다고 답변했다. 이전부터 외로움은 선진 국가들의 사회적 문제로 등장하곤 했었다. 한국에서 20대를 대상으로 한 설문조사에서 10명 중 6명이 고독감을 느낀다는 보고도 있다.

고질적인 외로움은 정신건강뿐 아니라 신체적인 건강에도 직접적인 폐해를 가져온다. 대규모 역학연구에 따르면 외로움이 빈곤, 영양, 흡연, 운동보다도 건강에 더 큰 영향을 미친다고 한다. 영국은 2018년부터 정부에서 '외로움 장관Minister of Loneliness'을 임명하고 외로움을 공공보건 문제로 인식하고 있다. 사회 전체에 만연한 외로움을 개인의 문제로만 두지 않고 국가보건의 측면에서 관리하려는 노력이다.

개인마다 외로움에 대한 기준이 다르고 또 외로운 것이 항상 부정적인 것만도 아니다. 배가 고프다는 것이 영양을 섭취하라는 신호인 것처럼 외롭다는 것은 사람들을 찾으라는 신호이다. "나를 좀 챙겨줘! 나는 힘들어!"라고 외치고 있는 것이 외로운 뇌의 반응이다. 그러나 이런 뇌의 반응은 주의집중 능력과 통제 능력을 저해하고 인지 왜곡을 만들 수 있다.

심리학자들이 제안하는 사회적 연결과 민족의 비결은 왜곡되는 심리적 상태에 말려들지 않고 먼저 다른 사람에게 나아가는 것이다. 특히나 뇌는 다른 사람을 도와줄 때 보상을 만드는 특징이 있다. 뇌의 기제에는 달리기에서 느끼는 희열인 '러너즈 하이Runner's High'와 마찬가지로 남을 도와줄 때 느끼는 '헬퍼즈 하이Helper's High'가 있다. 다른 사람에게 먼저 따뜻함을 건네고 도와주는 것은 당장의 호혜적인 이익이 없더라도 나의 뇌가 바로 그 보상을 해준다는 것을 잊지 말자.

....

Cacioppo, J. T., & Patrick, W. (2008). *Loneliness: Human nature and the need for social connection*. WW Norton & Company.

Lisa F. Berkman and S. Leonard Syme, "Social Networks, Host Resistance, and Mortality: A Nine-Year Follow-up Study of Alameda County Residents," *American Journal of Epidemiology 109*, no. 2 (1979). 186-204.

https://www.bluezones.com/2018/08/moai-this-tradition-is-why-okinawan-people-live-longer-better

Rebecca Saxe, "How We Read Each Other's minds" TedGlobal, 2009

Carolyn Zahn-Waxler et al., "Development of Concern for Others," *Developmental Psychology, 28, no. 1(1992):126.*

Smith, A. (1822). *The theory of moral sentiments* (Vol. 1). J. Richardson.
De Waal, F. B. (2012). The antiquity of empathy. *Science, 336*(6083), 874-876.

J. T. Cacioppo,, L. C. Hawkley, A. Kalil, M. E. Hughes, L. Waite, and R. A. Thisted, "Happiness and the invisible threads of social connection: The Chicago Health, Aging, and Social Relations Study," in M. Eid and R. Larsen, eds., *The science of well-being* (Nwe York: Guilford, 2008), 195-219.

"To fall in love wih anyone, do this" New York Times, Jan 9, 2015. by Many Len Catron.

https://www.nytimes.com/2015/01/11/style/modern-love-to-fall-in-love-with-anyone-do-this.html

7
커뮤니티

정답 없는 질문, '누구와 살 것인가'

내가 사는 곳이 커뮤니티

내가 사는 동네는 서울 관악구의 낙성대 지역이다. 여기서 산 지 어느덧 6년이 지났다. 관악산 밑에 있기 때문에 둘레길도 많고 등산로도 많다. 봄에는 낙성대 입구에서 서울대학교 후문으로 가는 길까지 벚꽃이 만개하여 아름다운 풍경을 이루고 있다. 봄에는 사람들이 걸어가다 말고 다들 스마트폰을 꺼내 사진을 찍는다. 평소에 사진을 많이 찍지 않던 사람들도 이건 찍어야 돼, 하는 마음이 절로 들게 하는 길이다. 공원이 있어서 밤에도 배드민턴 치는 사람, 운동하는 사람, 반려동물 산책시키는 사람들로 가득하다.

다른 동네처럼 번화하지 않더라도 나는 우리 동네가 좋다.

집에서 15분쯤 걸어 내려가면 내가 좋아하는 커피숍이 있다. 커피숍에 앉아 있지는 않더라도 잠시 들러서 원두커피를 사기도 하고 사장님이 직접 굽는 빵이나 마카롱을 사기도 한다. 분위기가 멋진 사장님과 따님이 같이 운영하고 시간대에 따라 직원들도 여러 명이 있다. 커피를 좋아하는 나는 워낙 자주 이 커피숍에 들려서 어느새 사장님과도 친해졌다. 새로운 빵을 만들기 시작하면 서비스로 빵을 주시기도 한다.

커피숍 바로 옆에는 꽃집이 있다. 평소에도 화초를 좋아하는 터라 꽃다발이나 나무화분을 주변 지인들에게 많이 선물하곤 한다. 특별한 날이면 특별한 꽃을 주문하기도 하고, 우울할 때면 나에게 주는 선물이라 여기며 또 꽃을 살 때도 있다. 꽃집 사장님도 나를 잘 아신다. 사장님들이 나를 기억하는 단골 가게가 있다는 사실이 꽤나 즐겁다.

낙성대 입구와 서울대 입구를 연결하는 거리를 '샤로수길'이라고 부른다. 서울대 정문의 심볼인 '샤' 모양의 조형물과 강남에 있는 가로수길의 이름을 합쳐서 '샤로수길'이 되었다. 처음에는 젊은 셰프 사장님이 운영하는 아늑한 레스토랑이 하나둘씩 들어오기 시작했는데 불과 몇 년 사이에 거리 전체가 맛집 거리로 변했다. 차가 들어올 수 없는 작은 골목길에 만들어진 맛집 거리라서 테이블이 두세 개만 놓여 있는 아담하고 특색 있는 식당들이 많다. 대학생 창업동아리에서 만든 음식점도 눈에 띈다.

언론에 소개될 정도로 유명해진 맛집이 이곳에 생겨나면서 매 시간 줄을 서서 기다리는 사람들도 많아지고, 이러한 가게들이 점차 늘어나고 있다. 거리가 발전하면서 주변 가게들이 자주 변하고 금세 문 닫는 곳도 많아서 아쉬울 때가 많지만 그래도 이 동네가 좋다. 종류별로 다양한 음식을 찾아 먹을 수 있어서 좋고, 크거나 화려한 동네는 아니지만 산이 있고 공원이 있으며 아담한 골목길에 예쁜 가게들이 즐비한 우리 동네가 나는 좋다.

언젠가 미국의 로스앤젤레스에서 살고 있는 오빠네 집에 방문하여 오랜만에 오빠와 올케언니를 만났다. 올케언니는 본인이 몸담고 있는 모임들이 많아서 즐거워보였다. 언니가 속한 여성골프클럽은 80명의 회원이 있고 매주 화요일 아침에 로스앤젤레스의 한 시립골프장에서 라운딩을 한다. 70대 할머니부터 젊은 사람들까지 다양한 멤버들이 있지만 전반적으로는 나이가 많은 편이다. 시립골프장이라서 30~40달러 정도의 가격으로 골프를 칠 수 있다고 한다.

이 클럽은 매번 점수를 정확히 계산하고 입력해서 5달러 정도의 상금도 준다. 언니는 여성골프클럽에서 매주 라운딩이 끝나면 보내온 점수들을 소프트웨어에 입력하여 핸디를 계산하고 다양한 규칙의 순위를 매기는 역할을 하고 있었다. 그다지 어려운 작업은 아닌데 매번 점수를 공개하면 이메일이 쏟아진다고 한다. '저 아줌마보다 내가 두 타 적게 쳤는데 왜 내가 상금을 못 받았느냐'는 등의 이메일이라고 한다.

올케언니는 여러 에피소드들을 경험하며 아무튼 재미있게 사는 것 같다. 이 클럽은 같이 점심도 먹고, 친한 사람들끼리 여행도 가고, 누가 아프면 먹을 것도 해서 가져다주는 정이 오가는 커뮤니티가 되었다고 한다.

학교를 다니던 어린 시절에는 주변에서 또래 친구를 만드는 건 무척이나 쉬운 일이었다. 직장생활을 할 때도 직장에서 매일 만나는 동료들과 친분을 쌓는 것 또한 어렵지 않다. 그러나 나이가 들어갈수록 스스로 커뮤니티를 찾아다니거나 직접 만들지 않는 이상 사람들과의 친목은 저절로 주어지지 않는다.

모임에 가입했다면 총무와 같은 직책도 담당해야 하고 함께 봉사하는 시간도 필요하다. 남들이 불러줄 때까지 꼼짝 않고 있다거나, 남들이 모임을 만들어주기만을 기다려서는 내가 원하는 커뮤니티가 만들어지는 건 불가능하다. 등산회, 음악 모임, 댄스클럽, 북클럽, 여행 모임 등 찾아보면 나에게 맞는 커뮤니티나 모임 등을 만날 수 있다. 마음 맞는 커뮤니티를 적극적으로 찾아보고 만들어가는 것이 행복한 나이 들기의 큰 비결이 아닐까 싶다.

새로운 가족의 탄생

이전에는 뉴요커로 혼자 사는 것이 로망이라고 하는 사람들도 많았다. 그러나 코로나19 팬데믹은 고립되는 것에 대한 정신건강의 문제를 대두시켰다. 부모가 있는 고향으로 가서 지내는 사람들도 제법 보였다. 혼자 록다운 상태로 일하는 것이 지치고 우울증도 늘어가는 상황에서 사람들은 각자 다른 길을 찾았다.

직장이나 주변 동료들 몇몇이 모여 도심 밖에서 집을 렌트해서 같이 사는 모습도 흔해졌다. 친구들과 같이 사는 경우는 원래부터 많았으나 훗날 가정을 꾸리기 전까지 룸메이트와 산다는 것은 젊은 날의 일시적인 모습으로 생각하는 경우가 많았다. 그러나 이제는 친구들과 같이 사는 형태가 삶의 한 가지 모습이 되었다. 그 덕에 도심에서 떨어진 곳에 있는 주택에 대한 수요가 높아졌다.

혼자 집밖에 전혀 안 나가고 사는 삶이 외로울 뿐만 아니라 정신건강에 위험한 상황이 되면서 사람들은 새로운 삶의 모습을 찾기도 한다. 그러나 결혼한 부부나 어린 자녀가 계속 집안에 하루 종일 내내 머무르게 되면 외롭지 않아서 잘 지내기는커녕 자꾸 부딪히다 보니 가정 폭력과 아동학대가 늘어나는 것이 현실이었다.

결혼한 가정에서 부부와 자녀라는 한 가족 집단이 함께 산다고 해서 그것이 꼭 정답인 삶의 형태라고 단정하는 것도 어려운 세상이 되었다. '누구와 살 것인가' 하는 문제는 한 가지 정답을 말할 수 없는 어려운 문제가 되었다.

서울시의 1인 가구 비율은 34퍼센트이고 이후로도 1인 가구는 점점 많아지고 있다. 결혼해서 부부와 두 아이가 함께 사는 4인 가족의 모습이 더 이상 평균적인 삶이 아니게 된 것이다. 실제로 결혼해서 아이를 낳고 살더라도 아이들이 성장해서 떠난 후 부부가 함께 사는 날들이 아이와 함께 산 기간보다 훨씬 더 길다.

어떻게 사는 게 정답이라고 제시되는 시대는 지났다. 그러나 이제는 사회적인 시각도, 개인적인 가치도 모두 달라졌다. 혼자 계속 살 수도 있고 친구와 둘이 살 수도 있다. 나이 들어서 친한 친구 몇몇이 모여 사는 형태도 있다. 함께 집을 공유하지 않더라도 주변에 모여서 커뮤니티를 이루기도 한다. 그러나 사람들과 뚝 떨어져 살기는 어렵다. 젊을 때부터 마음에 맞는 사람들이 하나둘씩 모여 주변에 이웃을 이루고 사는 모습도 보인다.

내 집이 없다고 걱정하는 나에게 친구들은 자기네랑 하우스메이트를 하자며 많이들 권하기도 한다. 나의 오래된 친구 콜린은 나중에 나이가 더 들면 자기네 집에 와서 산다면 된다고 말하곤 한다. 뉴욕에 있는 친구들도 노후에 하우스메이트를 하자고 내게 말한다.

이렇듯 독립적인 삶을 추구하지만 나이가 든 후 완전히 혼자 사는 것은 다들 버겁다고 생각한다. 경제적으로도 주거비를 나누어 내는 것이 이득이다. 점점 많은 사람들이 공유주거 co-housing 형태에 관심을 기울이고 있다. '함께 따로 살기'라는 개념이 그렇듯, 공간을 완전히 공유하는 것은 아니지만 커뮤니티 공간과 함께 식사할 수 있는 공동주방과 식당, 또는 여럿이서 활용할 수 있는 뒷마당 등을 공유하는 등 여러 가지 형태의 공유주거가 나오고 있다.

어린 아이를 키우는 부모들의 경우도 주변의 도움이 절실하다. 혼자 사는 경우도 다른 사람들과 커뮤니티를 이루어 사는 것이 도움이 된다. 노인들의 경우에도 세대 간 주택 공유 프로그램을 실시해보면 외로움을 해결하는 창의적인 방법이 될 수도 있다. 주거를 공유하지 않더라도 커뮤니티에서 어린이들에게 책을 읽어주는 자원봉사를 한다거나 어린이들의 간식을 챙겨주고 돌보아주는 자원봉사는 세대 간의 우정과 온기를 만들 수 있다.

노부부가 같이 건강하게 나이 들면서 살 수 있는 것은 아름답고 좋은 일이다. 그러나 모든 사람의 인생이 그렇게 한 가지 모습만으로 펼쳐지지는 않는다. 평균적으로 여자들이 남자들보다 5년에서 10년 정도를 더 생존한다는 통계를 보아도 알수 있듯, 결혼한 여자들이 훗날 혼자 살 가능성이 훨씬 높은 것이 현실이다. "화려한 솔로, 돌아온 솔로, 언젠가 솔로"가 여자의 삶이라고 표현하기도 한다.

하지만 아직까지는 하우스메이트가 그다지 매력적인 옵션은 되지 못한 것 같다. 그렇지만 다가오는 미래에는 같은 건물이나 옆집에, 적어도 걸어 다닐 수 있을 정도로 가까운 거리에 살고 있는 이웃과 친구가 나의 새로운 가족이 될 가능성도 높아지고 있다.

무엇을 위해 애쓰며 사는가?

노르웨이에서 박사과정을 밟기 위해 유학 중인 어느 친한 학생이 여름에 한국에 잠시 귀국하여 만난 적이 있다. 서울대학교를 졸업한 이 학생은 한국과 노르웨이의 가치관이 얼마나 다른가에 대해 많이 놀랐다고 전한다.

한국에서 대학을 다닐 때에 이 학생에게 있어 클래스메이트들은 솔직히 끊임없이 경쟁하는 상대였다. 팀 프로젝트를 하려고 하면 일단 누가 나에게 도움이 될까가 최대의 관심사이다. 내 옆의 주변 사람들보다 내가 앞서가는 것이 성공하는 것으로 생각하게 된다.

그런데 그게 성공일까. 노르웨이의 대학에서는 전혀 다른 분위기를 경험했다. 어떤 프로젝트를 수행하든 연구실이나 대학의 다른 친구들이 모두 적극적으로 도와주려고 하고, 옆 친구가 좋은 성과를 냈을 때 진심으로 함께 기뻐한다는 것이 놀라웠다고 한다.

그 학생이 어느 날 논문을 쓰느라 집중하다가 연구실에 아무도 없다는 것을 알아차리지 못했다. 문을 열고 나오는데 건물에서 경계경보가 울려서 무척 당황하던 순간이었다. 경비실에 연락해보니 건물은 이미 모든 사람들이 퇴근해서 잠가 놓았다는 대답이 돌아왔다.

"교수님, 그런데 그때가 오후 4시였어요."

노르웨이의 직장인들은 보통 오후 4시 이전에 다 퇴근하여 야외로 나가서 하이킹도 하고 바닷가에도 간다는 것이었다. 노르웨이에서는 매일 야외에서 운동하고 활동하는 것을 당연하게 여기는 문화라고 한다.

한국뿐 아니라 미국도 마찬가지다. 뉴욕의 많은 업종이 초인적인 근무시간을 요구한다. 변호사로 뉴욕에서 일하면서 일주일에 100시간이나 일하는 것은 드문 일이 아니다. 월가에 있는 한 친구는 일을 많이 시키기로 악명 높은 '골드만삭스'에 다닐 때 최대로 일주일에 120시간까지 일했다고 말한다. 운동은 좀 하느냐고 걱정하는 나에게 이렇게 대답했다.

"죽지 않으려고 운동해요. 정말 이렇게 일하다 죽을 것 같아요."

지금 그 친구는 회사를 옮겼고 삶의 질은 훨씬 나아졌지만 여전히 만만치 않은 근무시간을 견디기는 마찬가지다.

뉴욕의 젊은 프로페셔널들은 일도 엄청나게 하고 수입도 많은데, 그만큼 잘 쓰기도 한다. 수입이 많은 만큼 투자도 일찍 시작한다. 그렇지만 이런 라이프 스타일을 오래 지속하기는 어렵다. 인간의 체력이 그 스타일을 따라가기에 불가능하기 때문이다.

젊어서 많이 일하고 일찍 은퇴해서 삶을 즐기면 되지 않느냐고 말하기도 한다. 그러나 경쟁에서 이겨야만 성공하는 삶이라고 여기는 것은 불행한 사회를 만들 수밖에 없다.

미국에서 교수로 일하는 친구가 이런 이야기를 했다. 한국계 학생 한 명을 알게 되었는데 그 학생은 하버드대학 법대를 졸업하고 뉴욕의 로펌에서 잠시 일했었다고 한다. 뉴욕의 로펌은 극심한 경쟁과 적대적인 근무환경으로 유명하다. 이 학생은 최고의 법대를 나왔고 쉽게 직장에 들어갔으나, 막상 직장의 업무는 공부하는 것과는 완연히 다른 것이었다. 그 학생은 직장 내의 극심한 경쟁을 버티지 못하고 결국 퇴사하고 말았다.

뉴욕의 많은 회사들은 'Up or Out(승진 또는 해고)'이라는 구조를 가지고 있다. 경쟁에서 이기지 않으면 바로 잘리는 것이다. 이 한국계 학생은 결국 다른 공부를 시작하기 위해 새로 대학에 들어갔다는 이야기를 전해 들었다.

한국에서 유치원을 다니는 아들을 키우는 젊은 부모 이야기를 듣고 참담하다는 생각을 했다. 똑똑한 아들은 한글과 영어를 모두 읽고 쓰는 것뿐만 아니라 한자까지 배우고 있었다. 한자를 쓰는 숙제를 하면서 정해진 칸 안에 선이 벗어나지 않도록 써야 했다. 선이 넘어가면 숙제를 다시 해야 했다. 이 다섯 살짜리 아들은 놀랍게도 이미 코딩을 배우고 있었다. 내년부터 악기를 배울 예정인데 너무 늦은 것은 아닌가 하고 부모는 걱정한다는 것이다.

경쟁에 익숙하게 자란 아이들은 그만큼 남들과의 협력에 있어 매우 취약하다. 주입식 교육에서 성공하도록 교육받은 아이들은 창의적인 능력을 키우지 못한다. 경쟁에서 이기기 위해 주어진 과제를 할 시간도 모자라는 판에, 자기가 정말로 좋아하는 분야를 찾고 자신의 능력을 발휘할 기회를 찾는 일은 더더욱 어렵다.

세계무대에서 보면 한국 사람들은 분명히 똑똑하고 성실하지만, 그에 반해 과학과 문화와 기업에서 그 분야를 이끄는 리더가 되는 경우는 많이 보이지 않는다. 남과 비교하기를 좋아하는 사회는 각자 다른 가능성을 갖고 있는 개개인의 능력을 발휘하지 못하도록 만든다. 한국에서 살면서 경쟁만을 부추기는 사회가 개인이 마땅히 누려야 할 행복을 막는 것은 아닐까 하는 우려가 생긴다.

노인친화 도시

미래에 대한 준비는 개인으로서의 준비뿐 아니라 사회적 안전망을 구축하는 것이므로 국가의 준비이기도 하다. 내가 속한 나라와 지역사회가 계속 발전하고 정상적인 가치와 시스템을 추구하는 한 국민의 삶의 질은 높아질 것이다. 개인의 경제적인 독립도 이런 안정된 사회시스템 안에서라야 추구할 수 있다.

뉴욕은 1990년대 이후 노인빈곤 문제가 심해지고 있었다. 2007년에 뉴욕시장이었던 블룸버그는 늘어가는 노인빈곤 문제를 해결하고 노인친화적인 뉴욕을 만들기 위한 대대적인 정책 시행에 들어갔다.

의료제도를 바꾸고 건물과 시설을 노인친화적으로 개선했다. 도시 안전 개선을 위해서도 노력했고, 학교나 비즈니스, 공공서비스의 개혁도 추구해나갔다. 특히 뉴욕은 공원이 많은 도시여서 벤치를 많이 만들어놓는 것도 노인친화적인 도시를 지향하는 시도 중 하나였다.

하지만 공원과 벤치가 많고 안전한 도시가 되는 것은 단지 노인친화적인 도시가 된다기보다는 일반적인 '좋은 도시'가 되는 것과 다름이 없다. 뉴욕시는 사회적인 지지와 비즈니스, 학교, 공공서비스와의 협업을 통해 제대로 된 노인친화적 도시를 발전시키고자 계획하였다. 정보의 공유를 강조하고 개인의 삶의 질을 향상시키는 것에 주력한 사업이었다.

뉴욕은 2010년에 미국에서는 처음으로 세계보건기구WHO의 노인친화 네트워크에 가입되었다. 노인친화적인 도시의 기본요건은 걸어 다닐 수 있는 도시, 대중교통이 잘 갖추어진 도시, 병원 시스템이 잘 구비되어 있는 도시, 안전한 도시, 녹지가 있는 도시이다.

미국의 중서부에서 오래 살았던 나는 서울이라는 도시가 얼마나 노인친화적인지 실감할 때가 많다. 미국에서 살 때 운전을 하지 않으면 아무 곳에도 갈 수 없는, 뭐든지 멀리멀리 떨어져 있는 지역에서 살면서 나는 가끔씩 걱정스러웠다. 미국 인구 중 수백만 명에 달하는 사람들은 의료보험을 갖고 있지 못하다. 그러니 응급차를 부르면 기본으로 5천 달러 정도는 나올 것이다.

미국의 교수 친구들이 가끔씩 말하길, 미국보다 경제적으로 부유하지 못한 나라에 연구년으로 가 있을 때 그 나라의 병원 제도에 감탄하며 치료를 받는다는 말을 전할 때가 있다. 이 말을 들을 때마다 나는 씁쓸함이 몰려온다. 나의 딸도 현재 뉴욕에 살고 있는데, 나중에는 나 역시 딸과 가까운 곳으로 이사하여 살고 싶은 마음이 크다. 그러나 이토록 취약한 미국의 병원 시스템을 생각할 때마다 주저하는 마음이 생기지 않을 수가 없다.

8
자아

내 삶의 주인공으로 살지 못하는 사람들

은퇴한 사람의 자기정체성

　미국 오클라호마주립대학에서 교수로 일하던 시절에 어느 모임에 갔다가 법대 교수 한 명을 만났다. 그는 학부 때 법대가 아닌 음대를 졸업한 사람이었다. 음대에서 퍼커션을 전공한 뒤 법학전문대학원에서 공부하였고 결국 법대 교수가 된 것이다. 그러나 지금도 드럼은 계속 연주하고 있었고 밴드에서 공연도 한다는 얘기를 들었다. 유명한 음악잡지인 〈롤링스톤즈〉지에 소개된 적도 있다는 소문을 언젠가 전해들은 것 같다. 이름을 알아차린 나는 이렇게 인사를 건넸다.

　"Oh, you are the drummer at the law school!(아, 선생님이 제가 들은 법대의 그 드러머였군요)"

172

그 소리를 듣고 너무 즐거워하던 그 교수의 표정이 떠오른다. 뭐가 그렇게 좋냐고 물었더니, 내가 자기를 "lawyer who plays drum(드럼 치는 변호사)"이라고 부르지 않고 "drummer at the law school(법대의 드러머)"이라고 불렀다는 것이 그 이유라한다. 변호사이자 법대 교수인 것은 그의 직업이지만, 그는 스스로 뮤지션이라는 정체성을 가지고 있었다. 변호사는 그의 직업이지만 드러머는 그의 본질이었다.

우리는 직업으로서 자신을 정의하곤 한다. 그렇지만 현대 사회는 평생직장으로서 직업을 바라보는 세상이 아니다. 직업이 나를 정의한다면, 만약 그 직업을 그만두게 되었을 때 더불어 나 자신까지 잃어버리게 된다는 말인가. 나를 잃어버리면 인간으로서의 존엄성과 삶의 의미를 찾기 어렵다. 지금의 직업을 떠나게 될지라도 나 자신을 잃어버리지 않아야 한다. 나는 내 삶의 주인공이다. 나의 삶은 그 자체로서 의미 있다.

한국의 아버지들의 삶을 보면 직장에서 은퇴한 후에 우울증이 생기는 분들이 많다. 직장과 일이 나 자신에 대해 정의를 내려주는 거라 여겨왔던 세대는 특히나 더할 것이다. 하지만 중요한 건, 나 자신의 아이덴티티는 누가 정해주는 것이 아니다. 내가 스스로 찾아야 하는 것이다.

친분이 있는 공대 교수님이 은퇴를 하신 후 자녀들이 살고 있는 미국으로 가셨다. 재기가 넘치고 머리가 팽팽 돌아가는 것이 느껴질 정도로 에너지가 강하고 재미있는 분이었다. 고루한 생각이라고는 찾아볼 수 없는 사람이었는데, 그 분은 은퇴하고 미국에서 살기 시작하면서 미국 생활에 관해 이야기하는 유튜버를 시작하셨다.

공대 출신답게 드론부터 장만하고 기술적인 연습부터 시작해서 가끔씩 짧은 에피소드를 만들어 올리기 시작했다. 게다가 그 분은 미국의 공구 수퍼 스토어인 '로우즈'에서 직원으로도 일하고 있다.

'내가 과거에 교수였으니 나는 더 지적인 일민 해야 해' 하는 틀에 박힌 생각이나 고집은 찾아볼 수 없는 분이다. 새롭게 도전할 만한 일이 계속 등장하는 데다, 직장도 있고 내가 할 일이 있다는 것 자체만으로도 행복하다고 여기는 삶을 살고 계셨다.

오랫동안 일하던 연구소에서 은퇴한 이후에도 비정기적으로 일하시던 친구 아버지는 72세에 과테말라로 1년간 파견을 가실 수 있는 기회가 생겼다. 내전까지 있는 위험한 나라인 데다가, 특히 그 나라의 병원 시스템은 매우 좋지 않은 형편인데 혹시 아프시기라도 하면 어떡하느냐며 자녀들은 완강히 반대하였다. 하지만 워낙 진취적인 성향의 그 아버지는 기어이 과테말라로 떠나셨다.

에너지 연구를 해오던 친구 아버지는 과테말라에서 1년간 근무한 뒤 안전하게 돌아오셨고 한국에 온 이후로는 그동안 해오던 연구소 일에서는 완전히 은퇴하셨다. 지금은 치악산 중턱에 집을 짓고 농사일을 하거나 매일 산을 오르면서 건강하게 지내신다. 부인인 친구의 어머니는 자녀들과 친한 친구들이 있는 서울에서 멀어진 것을 답답해하긴 하지만 지역 지자체 문화센터도 다니면서 활기차게 지내신다고 한다.

내 친구 브리기테는 나의 롤모델이다. 60대 초반인 브리기테는 독일 사람이지만 지금은 미국에서 심리학 교수로 일하고 있다. 내년에 은퇴를 하게 되면 독일로 돌아가겠다고 말하는 그는 의료보험제도가 좋지 않은 미국에서 계속 살 수는 없다고 자주 말하곤 했다.

브리기테는 딱 한 번 결혼한 적이 있지만 이혼을 한 이후에는 계속 혼자 살고 있다. 독일에 있는 여동생과 남동생도 싱글이라 하는데, 혼자 살고 계시는 어머니 집 근처에서 모두들 살고 있다 한다.

브리기테는 스키를 좋아해서 겨울이면 온갖 스키 클럽에 가입해서 스키여행을 다닌다. 요가를 시작한 지도 한참 되었는데 아예 요가 강사 자격증까지 딸 정도다. 운동하는 일상을 당연시하는 브리기테는 여름이면 한 달은 여동생과 하이킹을 다니며 보낸다. 건축이나 인테리어에 관심이 많아서 건축 잡지도 구독한다.

브리기테는 그동안 독일과 미국에서 근무한 덕분에 연금이 있지만 미국이든 독일이든 어느 곳에도 집이나 재산을 갖고 있지는 못하다. 무엇을 소유해야 한다고 생각하지 않는 그의 철학 때문이다. 멋쟁이인 브리기테가 소유하고 있는 물건들은 많거나 비싼 것은 아니지만 가지고 있는 것들에는 다 스토리가 있다. 이 가방은 런던에 누구랑 여행했을 때 구입한 것이고 이 의자는 어느 미술관에 있는 아티스트의 작품인데 일반인을 위해 만든 것이라는 등이다.

한 가지 더, 브리기테는 난민 문제기 심각한 독일에 돌아가면 난민들이 적응할 수 있도록 돕는 봉사를 하겠다고 말한다. 은퇴 후의 인생에서도 의미 있는 삶을 찾아야 한다는 생각은 여전하다.

은퇴하기에 적당한 나이가 정해져 있는 것은 아니다. 몸이 불편하거나 체력이 떨어져도 자원봉사를 하든, 직장을 다니든, 주변 사람들을 돌보든, 창작활동을 하든, 일을 계속하는 것이 최선이다. 일에서 중요한 것은 목적의식, 의미, 두뇌 활용, 사회 참여 등이 핵심 요소이다.

용기를 내어 새로운 걸 추구하면서 삶을 확장하는 것은 다양한 방식으로 가능하다. 병원이나 교회에서 자원봉사를 할 수도 있고, 지역사회나 노숙자 무료급식소에서 일할 수도 있다. 다른 사람을 돕는 것은 행복한 삶을 만드는 데 가장 확실한 활동이다. 더구나 자원봉사가 뇌의 쇠퇴를 막고 노화를 되돌린다면 노년기에 그 이상 좋을 활동이 또 있을까 싶다.

자기효능감이 생존을 연장한다

1970년대에 실시한 연구 가운데, 양로원 거주자의 선택과 책임이 건강과 수명에도 결정적인 영향을 준다는 것을 보여준 사례가 있다. 거주자 절반에게는 화분에 심은 식물을 주면서 직원이 물을 주고 화분을 돌볼 것이라고 말했다.

나머지 거주자들에게는 먼저 화분을 원하는지 선택권을 주고 화분을 원하는 거주자에게는 책임지고 식물을 돌봐야 한다고 말했다. 이렇게 별것 아닌 책임이라 하더라도 실내용 화분을 책임져야 하는 거주자는 더 행복하고 활동적인 삶을 이어 갔다.

심리학자 반두라Bandura는 자신이 주변을 통제할 수 있다는 생각을 '자기효능감'이라고 설명했다. 선택과 통제, 자기효능 감은 밀접하게 연결되어 있다. 내가 스스로 하고 싶은 일을 정말 자유롭게 해나갈 수 있다는 생각은 사실 나이가 들수록 점점 쇠퇴하기 마련이다. 그러다 보니 어쩔 수 없이 다른 사람에게 점점 더 많은 부분에서 의지하게 되고 기대게 된다.

흔히 이런 변화는 당연한 것으로 여겨진다. 그러나 우리가 어떻게 변화하는가에 있어서 주변 사람들과의 관계는 더없이 중요하다. 개인의 자율성을 지지하고 장려해주면 그 당사자는 더욱더 잘 해내게 된다. 하지만 항상 해왔던 것임에도 이를 안 된다고 말리기만 하면 자기효능감은 곧 쇠퇴하고 그들의 삶은 쪼그라들게 된다.

그런가 하면 주변에 우울증으로 고생하는 사람이 많다. 가까운 친구 중에도 10년이 넘게 우울증 약을 먹는 경우도 여럿 있다. 특별한 이유가 없이도 장기간 빠져나오기 힘든 늪에 빠져 있는 것처럼 그 안에서 나오기 힘들 수도 있다. 뇌의 신경화학물질에 이상이 있는 경우라면 약물치료가 효과적이다.

그런데 심리학을 전공하다 보니 이런 임상적인 우울증이 아니라도 크고 작은 문제를 털어놓는 사람들이 생긴다. 그러면 이야기를 듣기도 하고, 그분들에게 본인이 하고 싶은 것들을 실제로 실행하면서 살기를 권하기도 한다. 각각의 삶에서 내가 살아 있는 한, 주인공은 나 자신이다. 그런데 주인공으로 살지 못하고 '사람은 이렇게 살아야 한다'는 타인의 기준으로 사는 것은 곧 내 존재의 가치를 잃는 일이다.

예전에 동료였던 제니퍼는 15살 때부터 상담을 받았고 우울증 약도 장기간 복용하고 있었다. 어느 이상이 되면 약에 내성이 생겨 더 이상 약효를 기대하지 못하게 된다. 그래서 우울증 약을 복용하는 동안에는 계속해서 의사와 상태를 모니터하고 상담도 받아야 한다.

미국은 건강보험이나 헬스케어 시스템도 자본주의 원리에 근거해 있어서 병원 문턱이 턱없이 높다. 건강보험이 없는 사람들이 수백만 명인 데다가 건강보험의 종류와 보험금도 다르고, 갈 수 있는 병원과 사용할 수 있는 약도 제한되어 있다.

어느 날 제니퍼가 이전에 쓰던 우울증 약이 더 이상 의료보험 처리가 안 된다는 것을 알고 했던 말이 기억난다.

"I can't afford to be happy(나는 행복을 살 수가 없어)."

잘나가는 대학교수이고 가족도 친구도 많았으나 우울증에 시달리던 제니퍼에게 약이 보험이 안 된다는 사실은 그야말로 절망적인 사건이었다.

남편과 둘이 살고 있던 제니퍼는 어느 날 버려진 개를 동물보호소에서 데려다가 키우기 시작했다. 아이를 낳을 생각이 없었던 제니퍼는 개를 키우면서 우울증도 많이 나아지고 조금씩 안정되어갔다. 그치만 그 지역에서의 삶이 그다지 만족스럽지 못했던 제니퍼는 결국 플로리다에 있는 다른 대학으로 직장을 옮겼고 집도 그곳으로 옮겼다. 플로리다에서 사는 것은 다행히 한결 행복해보였다.

인생에서 힘든 일과 기쁜 일을 두고 덧셈 뺄셈처럼 그 가치를 계산할 수는 없다. 힘든 일이 열 가지가 있고 기쁜 일이 한 가지가 있을 때 그 인생이 행복하지 않은 것은 아니다.

우울증으로 고생하는 친구가 나에게 "그래도 너는 근본적으로 행복한 사람"이라고 말한 적이 있다. 근본적으로 행복하다는 것이 무슨 말일까? 힘든 일이 없어서 긍정적으로 사는 거라 말할 수 없듯이, 행복한 일만 있다고 해서 행복하게 살 수 있는 것은 아니다. 외로울 때도 있고 힘든 일도 많다. 하지만 가족과 친구와 동료가 있어서 감사하다.

나이가 들면서 더욱 자유롭고 행복해질 수 있다. 다른 사람들에게 베풀 수 있을 때 행복감을 느끼지만 앞으로도 이웃에 기여하면서 살고 싶다는 바람이 올라온다. 그렇지만 내 인생에서 나의 모습이 빠진다면 그건 나의 인생이 아니다. 다른 사람의 가치와 기준으로 내 인생을 살지는 않으려고 한다. 내 인생은 있는 그대로 아름답다.

최대한의 감각경험을 쌓으라

시각이나 청각이 감퇴하면 바로 시력교정이나 보청기를 사용해야 한다는 사실은, 단순히 감각기관이 중요하다는 것 이상의 의미가 있다.

정신세계는 신체를 바탕으로 하고 인지는 체화되어 있다.

전통적인 이원론적 철학에서는 정신과 신체를 분리해서 생각해왔다. 이런 전통에서 감각기관은 단순히 환경의 정보를 전달하는 역할로만 보았다. 뇌에서 감정과 사고를 통한 의사결정을 하여 운동기관에 명령을 보내면, 이후 신체가 수행한다는 순차적인 정보처리 구조로 가정하는 식이다.

전통적인 지적활동에 대한 개념은 뇌 안에서 이루어지는 활동이었고, 감각기관은 단순히 환경의 정보를 뇌로 전해주는 역할이었다. 이런 개념 안에서 신체 움직임은 인지활동의 결과로 신체에 움직임을 지시하면 수행하는 것이다. 그러나 현대 인지과학과 뇌과학은 감각경험 역시 과거의 경험을 바탕으로 뇌가 예측하고 만들어내는 것임을 보여준다. 이때 몸의 움직임은 인지과정의 결과를 수행하는 것이 아니라 인지과정의 일부가 된다.

인구의 고령화가 급격히 진행되면서 인지노화와 치매에 대한 우려가 커졌다. 감각경험이 미래를 예측하는 기본이 된다면, 다양하고 새로운 감각경험은 뇌가 고정되지 않고 새로운 환경에 적응하도록 돕는 기제가 될 것이다. 환경 속에 완전히 녹아들어 경험하고 적극적으로 참여하는 것이 뇌의 기능을 활발히 유지시키면서 행복한 삶을 지속하는 방법이다.

기억력을 향상시키는 방법은 다차원적인 연결과 흔적을 남김으로써 가능한데, 다른 감각기관을 통해서도 그 내용을 활성화시키고 다양한 연결망을 강화할 수 있다.

아름다움을 보고, 듣고, 노래하고, 냄새를 맡고, 맛을 즐기고, 손으로 만지는 등 풍성한 감각경험은 정신세계와 삶을 풍요롭게 만들어준다. 감각기관의 정보가 줄어들면 뇌에서는 무작위 반응으로 감각경험을 만들어내거나 자극을 더 이상 받지 못하는 뇌의 네트워크를 가지치기 할지도 모른다.

중요한 것은 이런 뇌의 활동이 '나'라는 자아를 만들어낸다는 점이다. 나를 찾는 것은 세상과 떨어진 머릿속에서만 이루어지는 것이 아니다. 환경 속에서 감각경험과 움직임을 통해 상호작용하는 것이 필요하다.

기억이 없다면 자아도 없다. 치매로 고생하는 환자들은 자아를 잃어가고 있는 사람들이다. 그들은 자신의 몸도 내가 아닌 듯이 불편하고 고통스럽다. 그런 그들의 손을 잡아드리고 안아드리고 감각으로 따뜻함을 전할 때 본래의 자신에게로 돌아오는 것처럼 느껴질 수가 있다. 어릴 적 한창 자랄 때 당시 자신을 행복하게 해주었던 음악을 다시 찾아 듣는 것도 기억의 회로를 활성화시키는 방법이다.

나이가 들수록 감각경험을 더 풍성하게 쌓아가는 것이 필요하다. 새로운 것을 보고, 음악회에 가고, 걸어 다니면서 바닥의 흙과 낙엽을 느끼고, 바람을 얼굴에 느끼고, 사랑하는 사람의 손을 잡고, 친구들과 함께 춤을 배우는 것이 자아를 잃지 않게 만드는 방법이다. 새로운 경험과 적극적인 호기심, 그리고 사람들과의 사회적 관계를 통해 의미 있는 삶을 만들어가 보자.

지금 시대의 추세를 반영하는 신조어로 '파이어족'이라는 말이 있다. FIRE란 'Financial Independence, Retire Early'의 앞글자를 딴 단어인데, 경제적으로 독립할 수 있도록 돈을 모으고 투자해서 30대에 일찍 은퇴하고자 하는 사람들을 의미하는 말이다. 그런데 스스로를 파이어족이라고 생각하는 사람들에게 은퇴 후 무엇을 하고 싶으냐고 물어보면, 창업이나 투자 등 새로운 일이라고 대답한다. 일찍 은퇴한다는 의미는 일을 안 하고 쉰다는 것이 아니라 경제적으로 안정되면 좀 더 자유롭게 하고 싶은 일을 하겠다는 의미다.

인류의 수명은 길어지지만 나이가 들면 어쩔 수 없이 신체적으로나 정신적으로나 일부의 기능은 감소할 수밖에 없다. 그럴 때 생활방식을 바꾸어야 하는 시기가 온다. 가사 일을 더 이상 할 수 없는 시기가 올 수도 있고 층계를 오르내릴 수 없는 시기가 올 수도 있다. 재정 문제와 같이 중요한 결정을 내려야 할 때 판단이 쉽지 않을 수도 있다.

하지만 자신이 쇠약해질 수 있음을 인정하고 미리 노년을 준비하는 것도 용기 있고 성실한 태도가 아닌가 싶다. 정신이 맑고 판단력이 뚜렷할 때 미리 계획을 세우는 것은 분명 현명한 행동이기 때문이다.

커뮤니티 중에는 지역사회 기반의 생활지원도 있고, 공동 시설에서 생활할 수 있는 시스템도 있다. 예전에는 양로원이나 실버타운의 이미지를 떠올리면 암울하다는 느낌이 제일 먼저 떠올랐지만, 인생을 즐기는 것을 중요시하는 베이비붐 세대가 60대에 접어들면서 이제는 거주자의 독립성을 지켜가면서 동시에 의료지원과 생활지원을 받을 수 있는 시설로 받아들여지고 있다.

전 세계적으로, 특히 선진국들의 인구구조가 변화하면서 노년기에 대한 인식도 변화하고 있다. 어디서 살 것인가, 누구와 살 것인가를 결정할 때 과거 청년기 때나 중년기 때와는 전혀 다른 각도로 준비를 해야 한다. 병원에 더 자주 가야 할 것도 염두에 두어야 하고, 응급 상황 등도 만일을 위해 대비해야 하므로 근방에 필요한 병원 시스템도 미리 알아두는 것이 좋겠다.

한 명의 아이가 자라는 것도 시간이 흐름에 따라 저절로 성장하는 것만은 아니다. 학교를 다니고, 운동을 배우고, 악기를 배우고, 드라마 클럽도 들어간다. 나이를 제대로 먹는다는 것이 집에 가만히 머물며 시간을 보내는 것으로 이뤄지는 건 아니라는 말이다.

성실하게 살아가면서, 신체적 건강과 뇌의 건강을 위해, 그리고 질병 예방과 외상의 위험을 줄이는 노력도 필요하다. 자연 속에서 운동을 하고, 사회적 연결망을 지속적으로 이용하며, 주변사람과 좋은 관계를 맺으려는 노력은 아무리 강조해도 지나치지 않는다.

우리가 할 수 있는 일은 나이가 들어가면서 변화하는 자신을 앞으로 어떻게 관리할 것인지, 세상을 의미 있게 살아가려면 무엇을 준비해야 하는지를 고민하고 실천에 옮기는 것이다. 호기심을 가지고 감각경험을 풍성하게 하면서 살아가자. 언제든지 새로운 것을 배우려는 자세, 나이는 많아도 사회적 관계를 지속적으로 유지하려는 자세, 신체적 활동도 멈추지 않고 움직여야 함이 바로 나이 듦의 성실한 준비라 믿는다.

'가지 않은 길'을 걸어가는 마음으로

한국에서도 오래 전부터 애송되는 로버트 프로스트의 시 〈가지 않은 길〉은 다음과 같이 끝난다.

오랜 세월이 지난 후 어디에선가

나는 한숨지으며 이야기할 것입니다

숲 속에 두 갈래 길이 있었고, 나는

사람들이 적게 간 길을 택했다고

그리고 그것이 내 모든 것을 바꾸어 놓았다고

나이를 먹는다는 것은 로버트 프로스트가 말하는 '가지 않은 길'을 가는 것이다. 매순간 선택을 해야 하고, 그 중 한 길을 선택해서 가야만 한다. 먼 훗날 한숨 쉬며 이야기를 하더라도 한 길을 선택할 수밖에 없다. 가지 않은 길이 더 좋았는지는 미지로 남을 뿐이다.

미국 오클라호마에서 십여 년을 사는 동안 그 지역에 유학 와 있던 한국 아이들과 매우 친하게 지냈다. 그 아이들은 모두 자라서 성인이 되었고 세계의 여러 나라로 진출하여 각자의 위치에서 멋지게들 살고 있다. 아주 가끔씩 미국이나 한국에서 그들을 만날 기회도 있지만 주로 소셜미디어에서 소식을 전해 듣는다. 그 아이들이 10대에서 20대, 30대를 지나는 시기는 인생의 큰 변화가 있는 시기이다. 대학을 가고 새로 직장을 시작하고 커리어를 쌓고 가정을 꾸리고, 다른 나라와 지역으로 터전을 옮기며 그곳에서 정착하기도 한다.

친하게 지냈던 엄마들과도 가끔씩 소식을 물으며 소통한다. 40대에서 50대, 60대를 지나는 시기에도 자녀들의 삶의 변화와는 또 다른 그들만의 변화와 도전을 겪고 있다. 평생 다니던 직장에서 은퇴한 것만으로도 정신적으로 무너질 수 있는 시기인데, 게다가 새로운 일을 시작하기도 하고, 큰 병을 겪기도 하고, 배우자를 잃기도 하고, 자녀를 독립시켜야 하고, 치매가 있는 부모님을 돌보기도 한다.

그 중 한 엄마가 단톡방에 다비드 보나치Davide Bonazzi의 일러스트 한 컷을 올려놓았다. 길이 없는 허공에 누군가 빛을 비추고 있고 사람들이 그 도움으로 빛을 길 삼아 걸어가는 모습이다.

"솔직히 말하자면 (아직 가지 않은 길을) 저는 'how, what, where' 가야 할지 모르겠답니다. 그렇지만 누군가는 빛을 비추고 누군가는 그 길을 걸으면 길이 나겠죠?"

각자의 길을 가고 있지만 우리는 누군가에게 빛을 비추어주고 길을 만들어주고 있는지도 모른다.

....

Carlson, M. C., Kuo, J. H., Chuang, Y. F., Varma, V. R., Harris, G., Albert, M. S., ... & Fried, L. P. (2015). Impact of the Baltimore Experience Corps Trial on cortical and hippocampal volumes. *Alzheimer's & Dementia, 11*(11), 1340-1348.

E. J. Lager and J. Rodin, "The Effects of Choice and Enhanced Personal Responsibility for the Aged: A Field Experiment in an Institutional Setting," *Journal of Personality and Social Psychology, 34(2), 1976: 191.*

A. Bandura and R. Wood, "Effect of Perceived Controllability and Performance Standards on Self-regulation of Complex Decision Making," *Journal of Personality and Social Psychology 56*, (1989): 805

9

공간

어디에서 나이 들어갈 것인가?

왜 하필 차고였을까

애플, 구글, 마이크로소프트, 아마존, HP 등 굴지의 테크놀로지 기업들은 그 시작이 작은 차고였다는 공통점이 있다. 아이디어만으로 창업을 한 젊은 청년들이 부모님 집에서 살면서 차고를 사무실 공간으로 썼을 가능성이 클 것이다. 그렇지만 왜 차고일까? 공간만 있으면 어디든 가능할 터이니, 어릴 때부터 쓰던 침실일 수도 있고, 옥상일 수도 있고, 지하실일 수도 있다. 컴퓨터 하나만 들고 일하는 테크놀로지 업계에서 왜 차고라는 공간이 특별한 의미를 갖게 되었을까?

시대를 바꾼 혁신적인 기업들이 미국의 동부에서 시작되지 않고 서부에서 시작되었다는 이유가 바로 '차고' 때문이라 주장하는 사람들도 있다. 차고가 혁신적인 창업의 공간이라는 믿음에서 BMW는 '스타트업 차고Startup Garage'라는 프로그램을 만들어서 직접 창업 지원을 하고 있다. 이 프로그램에 사용되는 공간들은 각각의 스테이션들을 실제로 차고처럼 디자인해 놓았다.

사람들은 스스로가 자유롭다고 느낄 때 창의적이 되고 추상적인 개념에도 잘 반응한다. 차고라는 공간은 일반적으로 차고의 문을 열어놓으면 한쪽 벽은 완전히 트여 있는 공간이다. 차고는 차가 들어오도록 디자인된 공간이기 때문에 큰 길로 트여 있지만 나머지 삼면은 막혀 있어서 은신처처럼 일에 집중할 수 있다. 나만의 아이디어를 개발하면서 나온 결과물을 외부 세상에 널리 보낸다는 개념이 차고에서 시작한 창업 작업과 통하는 것 같다.

차고라는 공간은 개인주택에서 가능하다. 개인주택은 건물과 건물이 완전히 붙어 있지는 않다. 그 사이에 공간이 있고 마당이 있으며 나무와 관목들이 있다. 미국 서부 주택의 경우, 차고가 집의 앞쪽에 있는 경우가 대부분이다. 현관은 사용하지 않고 차고로만 출입하는 경우도 많다. 차고 앞 공간에 농구대를 설치해놓은 집도 많다. 동네에서 블록파티가 열리면 이 차고 앞공간은 이웃들과 같이 바비큐를 굽는 공간이 되기도 한다.

글 쓰는 사람이라면 차고에서 더 글이 잘 써진다고 하지는 않을 것 같다. 글 쓰는 작업에 어울리는 공간이 따로 있는 것처럼, 자연 속에 파묻혀서 다른 사람들과 많이 만나지 않으면서 글에 집중하는 경우처럼 말이다.

우리가 사는 환경은 감각과 움직임을 결정하고 정서와 생각을 만든다. 게다가 우리의 인지과정에 관여할 뿐 아니라 건강과 행복에도 영향을 끼친다. 넓은 공간에 있으면 그만큼 틀을 깬 사고를 할 가능성이 커진다. 밝은 불빛 아래서 더 좋은 아이디어가 떠오르는 것도 마찬가지다.

우연히라도 사람들과 마주칠 일이 많은 물리적 공간일수록 사람들과 더 친해질 가능성이 크다. 구글 사옥은 사회적 소통을 중시하는 것으로 유명한데, 특히 휴식 공간에서 사람들과 자유롭게 만날 수 있는 구조로 만들어져 있다. 사람과의 융합을 중요시하는 구글 사옥은 '150 룰'을 기반으로 만들었다고 한다. 사옥 내 어디에 있든 150초 안에 다른 직원과 마주치도록 디자인되어 있다는 것이다.

컬러풀하고 재미있는 디자인으로 유명한 구글 사옥은 자유롭고 창의적인 사고, 그리고 사람과의 소통이 혁신적인 기업을 만드는 데 매우 중요하다는 것을 강조하는 디자인을 추구한다. 휴식 공간을 업무 공간만큼이나 중요하게 설계하는 점이 잘 알려진 자랑거리다. 그만큼 공간은 우리의 생각과 마음에 큰 영향을 준다.

느낌과 실제를 구별하지 못할 때

전통적인 인지모델에서는 '내면'과 '바깥세상'을 구별하여 이원론적으로 생각했다. 시각, 청각, 촉각 등의 감각기관이 '바깥세상'의 정보를 알아차려서 뇌에 전달하면 지각, 인지라는 '내면' 과정을 통해 들어온 이 정보를 처리하게 된다.

뇌의 활동을 통해 만들어지는 '내면' 과정은 '바깥세상'의 감각정보를 어떻게 정서적으로 반응하고 의사결정에 사용할지를 결정할 것이다. 그런 다음 '바깥세상'과 상호작용하는 근육, 운동기관에 명령을 보내어 움직임과 반응을 제어하는 것이 하나의 과정이다.

신체는 단순히 외부의 정보를 뇌에 전달하는 기관이 아니라 지각과 인지를 변화시키는 인지의 일부분이다. 무거운 백팩을 매고 있을 때 경사진 언덕을 보면서 그 각도를 평가해보라고 하면 아무것도 들고 있지 않을 때보다 더 가파르다고 대답한다. 실제로 그 경사진 언덕을 올라갈 것도 아닌데도 우리는 신체 상태에 따라서 다르게 지각한다. 특히 노인들은 젊은 사람보다 경사를 더 가파르다고 느끼는데 이 또한 신체의 상태가 지각을 변화시키는 예시이다.

얼굴 표정은 감정을 표현하는 기제일 뿐 아니라 감정을 만들어내는 기제가 된다. 흔히 생각하는 것처럼 감정이 행동을 만든다는 한 방향의 영향만 있는 것이 아니다. 기뻐서 웃는 것이 아니라 웃기 때문에 기쁜 것처럼 말이다.

나의 신체적 상태와 감각 경험은 사회적인 상호작용에도 영향을 미친다. 거친 표면을 만지고 있을 때 동시에 새로운 사람을 만났으면 나중에 그 만남이 매끄럽지 않았다고 기억했다는 연구 결과도 있다. 따뜻한 커피를 손에 들고 있는 상태에서 새로운 사람을 만났을 경우, 그리고 차가운 커피를 손에 들고 있던 중 새로운 사람을 만났을 때를 비교해보면 전자의 상황에서 만난 사람이 훨씬 따뜻한 사람이라 여겨졌다는 결과 또한 마찬가지다.

우리의 시각구조는 세상의 모든 시지각 정보를 처리하지 않는다. 또 공간기억은 내가 늘 있는 공간의 구조를 의식적으로 기억하지 않는다. 뇌는 내가 사는 환경의 정보를 기억의 일부로 사용한다. 뇌의 공간기억에 부담을 일으키면서 모든 물건들을 처리하지 않는다. 그 대신에 뇌는 우리 주변 환경을 시각구조의 일부로 사용한다.

실제로 방을 둘러보면 우리가 모든 시각정보를 매번 처리하지 않는다는 것을 알 수 있다. 당연히 방에 있는 물건이나 정해진 장소에 늘 놓여 있는 것은 의식적으로 처리하지 않는다. 평소에 지갑이랑 휴대폰을 무의식적으로 올려놓던 현관 앞 탁자가 어느 날 없어지면 갑자기 당황하고 여기에 탁자가 있었던가 헷갈리기까지 한다.

우리는 익숙한 주변 환경을 의식적으로 기억하기보다 자동화된 무의식으로 밀어놓는다. 그러나 어느 날 갑자기 환경이 바뀌면 자동화되어 인지과정에 전혀 부담을 주지 않던 것들을 다시 처리해야 한다.

뇌는 우리가 사는 환경을 인지의 일부로 작동시키면서 나의 공간지각이나 공간기억의 부담을 덜어준다. 사실 우리가 매 순간 주변 환경에 있는 모든 감각정보를 다 처리하고자 한다면 뇌에 과부하가 일어날 것이다. 반면에 내가 사는 환경 내에 잘 정리되어 있는 것들은 매번 정보를 처리할 필요가 없음은 물론이다.

인간은 환경을 인지과정의 일부로 사용할 뿐 아니라, 이제는 특정한 도구가 지각과 인지과정의 일부가 되기도 한다. 가령 시각장애인의 시각보조 지팡이, 생물학자의 현미경은 시각 시스템의 일부가 된다.

모두에게 적용되는 예로 스마트폰을 들 수 있다. 예전에는 외워야만 했던 전화번호나 여러 정보들을 이제는 스마트폰 안에 모두 넣고 다니며 해결할 수 있다. 검색 기능 덕분에 생활의 여러 정보를 외울 필요도 없다. 그러니 스마트폰은 이제 기억의 일부가 되어서 외장 메모리의 역할을 맡게 되었다.

환경은 인지의 일부분이고 우리는 환경을 체화하여 생각한다. 내가 걸어갈 수 있는 공간과 차를 타고 가야만 하는 공간은 다르게 체화되고 개념화된다. 손을 뻗어 닿을 수 있는 공간과 그렇지 않은 공간을 다른 프레임으로서 인식한다. 손이 닿는 공간은 나의 관점에서 시각화하고, 거리를 계산할 때도 나의 신체와 나의 움직임을 기준으로 계산한다.

걸어 다닐 수 있는 거리 내의 환경도 세상을 체화하는 프레임이 된다. 보통 체격의 평범한 여성은 400미터를 걷는 데 5분 정도가 걸린다. 목적지가 15분 거리 이내면 많은 사람들이 차를 타는 대신에 걸어간다. 학교나 직장에 갈 때 또는 생활에 필요한 기본적인 물품을 사러 갈 때 걸어서 이동할 수 있는 동네가 체화된 인간에게는 편안한 나의 공간이 된다.

신체와 마음과 외부 환경, 이 세 가지는 모두 분산되고 체화된 인지의 일부분이다. 감각, 지각, 의사결정, 예측, 반응 등은 순차적으로 일어나는 과정이 아니라 서로 영향을 주고받는 관계인 것이다.

신체와 마음과 환경의 관계는 동시에 일어나거나, 내부의 활동이 먼저 일어나서 얽혀 있는 복잡한 과정이다. 체화된 인지의 개념 중에서 환경적 요인이 인지의 일부라는 의미로 '분산된 인지'라는 용어를 사용하기도 한다. 필요하지 않은 물건들은 없애고 집을 잘 정리하면서 지내면 인지과부하가 줄어드는 이유이기도 하다.

'Aging in Place'에 대하여

'에이징 인 플레이스Aging in Place'란 말 그대로 '내가 있는 그 자리에서 나이 들기'이다. 가능한 오랫동안, 확실하고 편안하게, 자신의 주택에서 사는 것을 의미한다. '에이징 인 플레이스'는 주택을 소유하고 있는 사람들이 은퇴하면서 가족이나 공공기관의 도움 없이 자신의 주택에서 안정적이고 풍요로운 생활을 한다는 의미로 사용하기도 한다.

나이가 들었다고 해서 모두 다 요양원에 가는 것은 아니다. 그렇다고 함께 살 수 있는 자녀가 다들 있는 것도 아니다. 그렇지만 내가 살아오던 곳에서 지속적으로 삶을 이어가기 위해서는 신체적, 지각적, 심리적, 사회적 변화를 고려하여 살기 좋은 환경을 만들어야 한다. 환경에 나를 맞추는 것이 아니라는 얘기다.

'에이징 인 플레이스'의 의미를 두고 '나이가 들어서도 내 집에 살 수 있다'는 수동적 개념만으로 생각해서는 안 된다. 독립적으로 산다는 것은 내가 원하는 곳에서, 내가 선택한 환경에서 산다는 것이다. 일반적인 주택 설계에 있어 인간의 신체적 조건과 한계는 중요한 요건이다. 테크놀로지의 발달은 스마트 하우스, 사물인터넷Internet of Things, 디지털 헬스케어 등을 활용하여 독립적이고 편리한 생활을 가능하게 한다.

내가 사는 환경을 선택한다는 것은 내 주택에서 혼자 사는 것을 의미하는 것이 아니라 어디에서 살 것인가, 누구와 살 것인가, 어떤 활동을 하며 살 것인가를 포함한다. 내가 살던 익숙한 지역에서 익숙한 이웃들과 살 수 있는 것을 선호할 수도 있고, 혹은 친구들과 같이 모여 하우스메이트로 살 수도 있다. 어찌됐건 개인의 삶은 그가 살고 있는 환경과 떨어질 수 없기에 심리학 연구자들은 자신이 살고 있는 그 자리에서 나이 들기를 권한다.

세계적으로 보아도 장수 노인들이 유난히 많은 마을이 있다. 대표적인 장수마을이라고 꼽히는 이탈리아의 사르디니아 섬이나 일본의 오키나와의 경우, 사람들이 평생 동안 그 지역에 살고, 평생지기 친구나 이웃들과 가깝게 지내는 것으로 알려져 있다. 장수하는 사람이 있는 것이 아니라 장수하는 마을이 있는 것이다.

나이 들어서 새로운 곳으로 이사하는 것은 힘든 일이다. 이것은 단순히 같은 집에 산다는 것 이상의 의미가 있다. 내가 살고 있는 곳, 나의 커뮤니티가 중요하다는 사실은, 곧 여러 세대가 함께 있고 삶의 지혜와 행복을 주고받을 수 있는 공동체의 필요성을 증명한 것이다.

은퇴한 뒤 서울에서 좀 떨어진 곳에 전원주택을 짓고 사는 경우를 많이 본다. 양평에 직접 디자인한 집에 사시는 은퇴한 교수님 댁에 한두 번 방문한 적이 있다. 교수님 댁 바로 주변에도 친한 지인들이 땅을 사서 마찬가지로 집을 지었다고 한다. 다시 말해 그 마을에 커뮤니티가 만들어진 것이다.

강원도 어느 경관 좋은 지역에 은퇴 후 집을 짓고 사는 분들도 있다. 그분들은 산악회 모임으로 산에 갔다가 돌아오는 길에 경치가 너무 좋은 위치를 발견해 그곳에 땅을 사서 집을 지었다고 한다. 산악회 회원들은 그렇게 하나둘씩 그 주변에 땅을 사고 집을 짓게 되었고 마침내 한 마을을 이루게 되었다는 것이다.

그런데 이런 '에이징 인 플레이스'의 개념이 항상 가능한 것은 아니다. 내 집에서 나이 들기를 원하지만 신체적으로 장애가 생겨서 집안일을 하지 못할 수도 있고 거동이 어려워질 수도 있으며, 인지장애가 생겨서 판단이 어려워질 수도 있다. 병원에 자주 가야 할 수도, 심지어 혼자서는 병원 가는 것이 불가능한 상황이 올 수도 있다. 배우자가 먼저 세상을 떠난 뒤 혼자서는 도저히 살아가는 것이 심리적으로 어려운 경우가 올 수도 있다.

나이가 오십이 넘어가니 그때부터 주변에 알고 있는 몇몇 부모님들이 신체적 장애나 치매를 앓게 되었다는 소식을 듣게 된다. 부모님이 먼 거리에 살고 있는 경우, 집집마다 현실적으로 어찌해야 할지 큰 고민이 시작된다.

장성한 자녀들은 서울에서 살고 있고 연세 드신 부모님은 부산에 살고 있는 한 가족의 사례다. 부모님이 건강하셨을 때는 자식들도 부산에 자주 가서 가족모임도 하고 함께 운동도 하는, 주변의 부러움을 살 만큼 화목한 가족이었다. 그런데 어느 날 아버지가 넘어지면서 거동이 어려워졌고 어머니마저 치매 증상이 생겼다. 부모님 두 분만 생활하는 것이 불가능해지면서 서울의 자녀들은 교대로 부산에서 지내기 시작했다. 하지만 서울에 직장을 두고 있는 자녀들로서는 이를 지속하기가 쉽지 않았다.

이 가족처럼 같은 대한민국에서 살아도 부모가 아프면 큰 어려움이 시작되는데, 주변을 보면 장성한 자녀들 중 외국에서 살고 있는 경우도 많고, 아예 자녀가 없는 경우도 많다. 평균수명이 계속 늘어감에 따라 백 세가 넘은 부모님을 80대의 자녀가 병원에 모시고 가는 모습도 앞으로는 심심치 않게 보게 될 것이다.

이토록 수명이 계속 늘어가는 상황에서 '에이징 인 플레이스'를 계속 주장하는 것만이 맞는 길은 아니다. 나이가 들어가면서 독립적으로 사는 것이 어렵다면 다른 환경에서 사는 것도 받아들일 수 있어야 한다.

이전만큼 활동적이지 못하더라도 필요한 의료진의 치료를 받을 뿐만 아니라, 사람들과의 만남도 지속하는 등 의미 있는 생활을 할 수 있다면 어디라도 나의 공간이 될 수 있다. 미래를 준비하는 것은 현실적인 가능성을 고려해서 긍정적인 방향으로 변화를 만들어가는 것이 필요하다.

자연 속을 걸을 때 무슨 일이 일어나는가

자연이 있는 환경은 신체적 건강과 심리적 행복감을 증진시킨다. 녹지가 있는 환경에서 인지기능이 향상되고 창의력이 높아진다는 연구결과가 이를 입증한다. 게다가 자연은 스트레스를 감소시키고 공동체 의식을 더 높여준다는 연구도 있는데, 자연이 있는 도시에서 범죄율이 낮다는 조사가 그러함을 뒷받침해준다.

숲이 있는 수목원을 50~55분간 걸으면 작업 기억의 용량이 높아지고 창의력도 활성화되는 것을 보여준 연구도 있다. 이 연구들의 이론적 바탕이 '주의회복이론(ART, Attention Restoration Theory)'인데, 자연 속에 있을 때 기억과 주의 과정에 방해요인이 없어지고 회복이 빨라 기억 가능한 용량이 증가되고 창의력도 증진된다는 것이다. 녹지가 있는 커뮤니티의 아이들이 글 읽는 능력이나 주의력이 높고, 전반적인 학업성취에 긍정적인 영향이 있다는 것도 잘 알려져 있다.

자연광이 잘 드는 병실에 있는 환자가 회복 속도도 빠르고 스트레스도 적다는 연구결과도 있다. 창문이 없는 방에 몇 시간 동안 있으면 집중이 안 되고 우울해짐을 경험하는데, 그런 곳에서 장기간 거주한다면 정신적으로나 신체적으로 악영향을 받을 것은 쉽게 예측 가능하다.

자연 속을 걸어 다니면서 가을에 다양하게 색이 변하는 단풍의 아름다움에 감탄하고 찬 공기를 피부로 느끼고 바람소리를 듣고 발밑으로 느껴지는 돌멩이의 감촉을 느끼는 행위 등은 모두 우리의 감각체계를 자극하는 일이다.

멀리 가지 않아도 좋다. 집 근처를 걷다가 어느 빵집에서 새어나오는 빵 냄새에 군침을 삼키기도 하고, 유리 창문을 통해 보이는 꽃집의 가지각색 꽃들을 보는 것도 우리의 마음을 치유할 수 있는 것들이다. 바쁜 도시인으로 살지만 틈틈이 미술관에 가기도 하고, 길가에서 가던 길을 멈추고 버스킹을 하는 가수의 노래를 듣기도 하며, 처음 가보는 소문난 맛집을 방문하는 것도 마찬가지다.

나이가 들면 주의집중 능력이 떨어지는 것이 사실이다. 시끄러운 소리가 나면 책에 집중할 수 없고 여러 사람이 떠들고 있으면 대화를 따라가기도 어렵다. 그러나 그렇다고 해서 조용하고 자극이 없는 환경만 찾아다니면 뇌는 더 빨리 늙는다. 뇌를 활기 있게 만들어주기 위해서는 복잡한 신체활동과 다채로운 감각을 경험케 해주는 일이 꼭 필요하다.

　가보지 않은 곳으로의 여행, 무언가 새로운 경험을 하고픈 욕구는 분명 존재하는데, 단지 나이가 들어 체력이 안 된다는 이유, 그리고 경제적인 부담을 이유로 그런 욕구를 무조건 억제하기만 한다면 이는 뇌의 활동을 쇠퇴시키는 일이다. 건강과 행복, 두 마리 토끼를 잡기 위해서는 몸을 움직이고 새로운 감각을 풍성히 경험하는 일이 필수다.

　혹여 여행을 가기에는 몸이 불편하거나 시간적으로나 경제적으로 부담이 된다면 주변에서 쉽게 갈 수 있는 둘레길이나 공원을 걷는 일도 좋고, 북적거리는 도심의 활기찬 거리들을 걸어보는 것도 좋다. 이런 활기찬 감각자극은 쉴 때마다 활동을 줄이는 뇌의 신경세포들을 깨우고 새로운 연결망을 만드는 장점으로 이어진다.

　나이 들면서 신체적, 정서적 건강을 위해서 할 수 있는 가장 좋은 운동은 자연 속을 걷는 일이라는 사실은 여러 연구를 통해 증명되었다. 스탠포드대학의 연구자들은 연구 참여자의 일부에게 90분간 자연 속에서 걷도록 하였고, 나머지 일부는 90분간 일반 거리를 걷도록 했다.

　결과를 보면 자연 속을 걸었던 집단은 상대적으로 반추가 줄어들었고 뇌의 슬하전두피질의 활성화도 낮아졌음을 알게 되었다. 반추는 생각을 되뇌는 것을 의미하는데 우울증 환자들에게 자주 나타나는 생각의 패턴이다. 슬픈 경험을 할 때 활동이 증가하는 슬하전두피질은 우울증 또는 조현증과 관련된 뇌 영역이다.

스코틀랜드의 의사들은 우울증 환자에게 약 대신에 이러한 처방전을 발급한다고 한다. '산책, 그리고 새를 관찰할 것.' 우울증뿐만 아니라 고혈압, 당뇨, 불안증에 이르기까지 다양한 질병과 질환을 치료하는 데 이 처방전이 사용된다는 것이다.

웨일코넬 의과대학의 정신과 교수이면서 〈뉴욕타임즈〉 지에 의학칼럼을 쓰는 리처드 프리드먼Richard Friedman 은 걷기가 뇌인지 건강에 미치는 영향을 극찬한다. 걸어서 이곳 저곳을 돌아다니면서 끊임없이 새로운 정보와 자극을 받는 것이 단조로운 사고에서 벗어나 연상 작용과 자유로운 사고의 확산을 촉진한다는 것이다.

게다가 현대인은 미디어와 여러 복잡한 기술과 상호작용하는 것에 상당히 많은 시간을 들여야 하므로 그만큼 자연 속에서 활동할 시간은 거의 주어지지 않는다. 이런 생활방식의 변화는 신체건강에까지 영향을 미칠 수밖에 없다. 하지만 인간의 인지 활동은 여전히 활발하다. 특히 현대인은 복잡한 인지 기능, 특히 선택과 문제 해결, 멀티태스킹, 억제 등의 고차원적 인지 기능이 요구되는 삶을 살고 있다.

캔자스대학과 유타대학의 심리학자들은 연구 참여자들에

스탠포드대학에서 실시한 '자연 속 걷기' 연구에 사용된 지역이다. A와 B는 연구 참여자가 걸은 자연 배경의 사진이며, C와 D는 대조군이 걸었던 일반적인 도로이다.

게 4일간 등산을 하는 등 자연에만 몰입하도록 하고, 대신 미디어와 테크놀로지 사용을 잠시 단절할 것을 지시하였다. 그렇게 하여 창의력과 문제 해결 과제에 대한 성과를 50퍼센트까지 높였다는 결과를 얻었다. 연구자들은 자연과 창의력의 관계를 '주의회복이론'으로 설명한다. '주의회복이론'에 따르면 자연을 접하는 것은 뇌의 전두엽이 매개하는 고차원적 인지과정을 회복시켜 준다고 한다.

자연 속을 걷는 일은 언제나 할 수 있고, 후유증도 없으며, 돈도 들지 않으면서 인지능력을 키우는, 그리고 우울증을 줄이는 최고의 방법이라고 연구자들은 입을 모은다. 주의회복이론이 설명하는 것도 이와 같은 맥락이다. 자연 속을 걸으면 자연에 주의가 집중되므로, 관심을 끄는 다양한 환경의 자극들과 상호작용하게 되고, 이는 머릿속에서 되풀이하여 되뇌는 생각에서 탈피할 수 있게끔, 그래서 주의를 회복시킬 수 있게끔 한다는 것이다.

노인들의 경우도 다르지 않다. 자연환경 속에서 걸어 다니는 노인들은 확산적 사고 검사를 비롯한 여러 창의력 시험에서, 직사각형의 경로를 따라 길을 걸어 다닌 노인들보다 유의미하게 높은 점수를 받았다. 연구 참여자들은 일상용품의 용도를 최대한 많이 생각해내라는 과제를 받았는데, 바깥을 걸어 다니기만 한 것으로도 더 많은 답을 생각해낼 수 있다는 결과가 나타났다.

....

- Berman, M. G., Jonides, J., & Kaplan, S. (2008). The cognitive benefits of interacting with nature. *Psychological science, 19*(12), 1207-1212.

- Atchley, R. A., Strayer, D. L., & Atchley, P. (2012). Creativity in the wild: Improving creative reasoning through immersion in natural settings. *PloS one, 7*(12), e51474.

- Bratman, G. N., Hamilton, J. P., Hahn, K. S., Daily, G. C., & Gross, J. J. (2015). Nature experience reduces rumination and subgenual prefrontal cortex activation. *Proceedings of the national academy of sciences, 112*(28), 8567-8572.

10
테크놀로지

스마트 시스템을 받아들여야 할 때

에이징 테크의 시대

유방암 재발을 막기 위한 약이 있다. 그러나 이 약은 유방
암의 재발을 막는 데는 효과가 있겠으나 대신 여러 가지 부작
용을 야기할 가능성이 많다. 잠을 못 자거나 우울증을 겪는 사
람도 있고 관절이 아픈 것도 흔한 부작용이다. 생수를 사서 마
시면 병뚜껑을 열어야 하는데 관절이 아파서 생수병 뚜껑도
열 수가 없다.

비슷한 상황을 겪고 있는 지인에게 이런 고충을 이야기했
더니 그분 또한 자신의 경험담을 털어놓는다. 병뚜껑을 제대
로 따지 못하는 터라 항상 남편이 출근 전에 생수병의 뚜껑을
열어놓고 집을 나서곤 했다는 거다. 그러던 어느 날 남편이 깜

빡 잊고 뚜껑을 열어놓지 못한 채 출근해버렸고, 결국 내 지인은 그날 수돗물을 끓여서 마실 수밖에 없었다.

위기상황에 너무 잘 대처한 거라며 칭찬했지만 사실 서글퍼지는 마음이 더 컸다. 어떤 사람들은 이 약을 복용하면서 옷의 단추도 잠글 수 없다고 한다. 단추가 있는 옷이나 병뚜껑을 보면 서러움이 몰려온다고 슬퍼하지만, 알고 보면 약에 대한 이런 후유증뿐만 아니라 많은 사람들이 나이 들어가면서 겪는 관절 질환들이 한두 가지가 아니다.

지인과 나의 대화를 듣던 누군가가 한 가지 정보를 준다.

"저도 병 못 따요. 온라인 쇼핑몰을 가면 병 따는 도구가 사이즈 별로 다 있어요. 당장 주문하세요."

이런 간단한 도구에서부터 재활과학에서 나오는 로봇에 이르기까지, 다양한 테크놀로지가 일상을 도와주고 있다. 노인들의 생활 편의를 높여주기 위한 기술을 '에이징 테크'라고 한다. 개발 단계에서부터 노인들의 접근 가능성 및 용이성을 우선순위로 두고 제작하는 이런 기술을 '실버 기술' '장수 기술' 등으로 부르기도 한다.

1970년대에 이미 고령사회가 된 영국은 지난 2013년부터 에이징 테크를 개발하는 스타트업을 육성하고 있는데, 맞춤형 통합 헬스 관리 플랫폼, 시니어 스마트워치, 재활과학기술 등이 그에 따라 부상하고 있는 종목이다.

보조과학기술은 재활과학의 일종으로, 노약자 또는 장애인과 같이 신체 일부 기능이 저하된 경우 이를 보조하기 위한 기술을 의미한다. 최근 다양한 웨어러블 디바이스들의 개발이 진행됨에 따라 헬스케어 제품군도 과거 질병의 관리나 예방에서 한층 더 진화되면서, 노인 세대들이 좀 더 적극적으로 삶을 즐길 수 있도록 도와주는 기술들이 개발되고 있다.

가령 파워슈트는 인간 근육 움직임의 원리를 웨어러블 디바이스에 적용하여 만들어졌는데 이를 착용하면 노인들의 근력을 보완하고 증강시키는 효과가 있다. 최근에는 척추 손상 장애인을 위한 웨어러블 보행 보조로봇도 서서히 보급되고 있다 한다.

나이가 들면서 테크놀로지에 대한 거부감이 커질 거라는 선입견이 있는데 이는 사실이 아니다. 경제적인 이유로, 실용성에 대한 이유로, 자신이 속한 집단이 사용하는 것이 아니라는 이유로, 또는 직장에서 꼭 테크놀로지를 사용하지 않아도 된다는 이유로, 중년과 노년층이 젊은이들보다 사용을 덜 하는 것뿐이다.

성공적인 에이징은 일부가 아닌 삶의 모든 부분에 있어서 나이 듦을 준비한다는 점이 관건이다. 그렇기에 사회 전체가 스마트 시스템으로 연결되어 있는 가운데 내가 속한 사회와 긴밀하게 연결되는 것은 성공적인 에이징을 위해 결정적으로 중요하다.

새로운 테크놀로지의 사용법을 배우는 과정에서 아무래도 젊은 사람들보다 더 오래 걸리고 실수도 많이 할 수밖에 없다. 노인들은 단순히 모든 일에 느려지는 것이 아니라 새로운 상황에 적응하는 것에 더 오랜 시간이 걸리는 것뿐이다.

살아온 기간이 길고 쌓아온 경험이 많다는 것은 뇌에 남은 흔적이 많다는 것이다. 그만큼 자동화되어 의식하지 못하는 습관과 생각의 틀이 굳어져 있을 수 있다. 그런 점에서 노인들이 변화를 원치 않고 이전의 것들을 유지하고 싶어 하는 경향이 강할 수밖에 없다.

인공지능 기술을 기반으로 개인 맞춤형 의료가 점점 자리를 잡아가면 치료 가능한 질병은 조기에 발견하여 관리할 수 있고, 그렇게 개인 의료의 질이 높아짐에 따라 보건 분야의 사회적 문제까지 해결할 수 있게 된다. 디지털 헬스케어의 주요 트렌드는 웨어러블 기기와 사물인터넷을 포함하지만 스마트폰을 이용한 헬스케어가 가장 보편적으로 활용된다.

실버산업의 큰 부분인 헬스케어, 가사노동, 교통 등 많은 부분에 있어 자동화가 이루어지고 있으며, 의사결정의 영역이 커진 인공지능과 로봇이 활용되고 있다. 테크놀로지의 디자인이 젊은 층에 맞추어져 있는 것도 문제이다. 테크놀로지의 발달과 수용은 생산성을 높이고 사회연결망을 확장하여 급격히 변화하는 인구구조를 성공적으로 지지할 수 있는 바탕이 될 수 있다.

최근에는 인공지능이 정서적 교감에도 사용되기까지 한다. 독거노인들의 외로움, 우울증으로 인한 정서적 고통과 고독사 등의 문제가 사회적 이슈로 부각되었다. 해외에서는 육체적 질병관리뿐 아니라 정서적 교감과 유대감 형성을 위한 도구로 인공지능, 즉 사람과의 관계 형성을 위한 인공지능 기술 개발이 활발히 이루어지고 있다.

보청기 거부감부터 깨자

인간은 평생에 걸쳐 계속 변화하고 학습할 수 있다고 하는데 왜 나이 들수록 여러모로 쇠퇴하는 걸 경험해야 할까? 그러나 인지 기능이 떨어지는 진짜 원인은 뇌의 쇠퇴가 아니라 감각과 지각에 관련하여 폭넓게 살펴보아야 한다.

감각기관을 통해서 받아들여진 환경은 불완전하고 왜곡된 경우가 많다. 뇌는 이전의 경험을 바탕으로 확률에 의해서 불완전한 감각정보를 보정한다. 감각기관을 통해서 들어오는 정보를 바탕으로 현재의 환경에서 어떤 일이 일어나고 있는지를 확률적으로 예측하는 것이 뇌의 원리이다.

감각기관에서 들어온 정보를 인지적으로 해석하는 요인이 포함된 것을 지각이라고 부른다. 인간의 지각체계는 우리가 변화하는 환경에서 생존하는 것이 목적이다. 정확하게 표상하는 것이 아니라 생존에 유리하도록 현실을 구성하는 것이다. 즉 뇌는 우리가 알지 못하는 사이에 불완전한 정보를 보정하고 새로운 정보를 채워 넣는데, 나이가 들수록 이 작용은 더 활발해진다. 이미 환경의 정보를 채워 넣을 데이터를 더 많이 가지고 있기 때문이다.

65세 이상의 성인 중 3분의 1이 청력 감퇴를 경험하고, 75세 이상의 경우 두 명 중 한 명이 청력 감퇴를 겪는다. 그럼에도 불구하고 보청기를 사용하는 비율은 높지 않다. 청력 감퇴를 겪으면서도 보청기를 사용하지 않은 노인들의 경우, 인지 저하가 더 빨리 진행될 수 있고 다른 신체 질환까지 더해질 가능성이 높아진다.

청력 감퇴는 시력 감퇴보다도 사회적 고립을 더 심하게 경험하게 만든다. 사람들과의 대화를 알아듣지 못하면 남들이 자신을 의도적으로 따돌리고 괴롭히려 한다는 피해망상이 생겨 심리적으로 고통스러워진다. 실제로도 가족이나 주변 사람들이 자신을 빼놓고 대화하는 상황이 생기기도 한다.

성인 다섯 명 중 한 명이 이명을 경험한다. 이명은 청각자극이 없는데도 귀 울림이나 윙윙거리는 소리를 듣게 되는 현상이다. 지속적이 이명은 아니지만, 살면서 스트레스나 여러 상황으로 인해 일시적 이명을 경험하는 경우는 매우 흔하다. 이명은 좀 더 복잡한 소리로 경험할 수도 있기에 질병이 아니라 증상이라 표현하기도 한다. 이명이 있다고 해서 큰 고통이 수반되는 것은 아니지만 지속적인 이명은 정신을 산만하게 만들고 수면과 휴식에 장애를 주는 등 삶의 질을 저하시킨다.

이명의 정확한 원인은 밝혀져 있지 않지만 청력의 감퇴를 겪는 사람들, 특히 그러한 노인들에게 빈번히 나타난다. 불편한 소리가 귀에서 들려오는 것처럼 느껴지지만 사실 이명은 뇌에서부터 온다. 귀가 안 들리면 뇌의 입장에서는 청력 정보의 자극을 받지 못하는 상태가 되고, 받아야 하는 정보가 들어오지 않으면 뇌는 스스로 정보를 만들어낸다. 지각은 환경의 정보를 그대로 받아들이는 것이 아니라 경험에 의해서 확률적으로 뇌가 만들어내는 활동이다. 청력 감퇴로 인해 뇌가 만들어내는 청각 경험이 이명으로 나타난 것이다.

이명에 대한 대처 방법은 청력이 떨어지기 시작하면 보청기를 사용하는 것이 최선이다. 평생에 걸쳐 뇌의 청각피질은 광범위한 주파수의 청각 정보를 받는 데 익숙하다. 신경세포들은 아무런 자극이 없을 때도 임의로 활성화된다. 그런데 청각 정보를 받지 못하는 청각피질은 이런 임의의 정보를 증폭해서 소리를 만들어내는데, 이것이 이명의 이유가 된다.

또 다른 대처법으로는 화이트 노이즈를 만드는 것이다. 애플리케이션 중에도 물소리, 파도소리, 새소리 등 자연에서 나오는 소리를 계속 들음으로써 휴식을 돕는 앱들이 많이 출시되어 있다. 이런 도구가 정보를 입력받지 못하는 신경세포에 자극을 주게 되면, 이것이 곧 이명을 없애는 원리로 사용될 수도 있다.

디지털 전자기술의 발전과 더불어 보청기 기술도 크게 향상되었다. 보청기는 단순히 소리를 증폭시키는 것이 아니다. 요즘 나오는 보청기는 전문가의 도움을 받아서 특정 주파수를 다른 주파수보다 더 강조하도록 설정할 수 있어 맞춤형으로 조절할 수 있다. 예전처럼 커다랗고 눈에 띄는 보청기가 아니라 마치 에어팟 스타일처럼 겉으로 뚜렷이 드러나지 않는 형태의 보청기 종류도 다양하게 만들어졌다.

보청기가 불편하다고 사용하기를 거부하거나, 부담스러운 가격으로 멀리하는 사람들도 많다. 주변 사람들에게 크게 말해 달라고 부탁하기도 하고, 평상시 티비의 볼륨을 엄청 크게 해놓고 시청하는 등 대부분 이런 방식으로 견디는 삶을 살고 있다.

그러나 정작 필요한 개선책은 단순히 소리를 증폭시키는 것이 아니라 잘 조율된 주파수를 맞추어서 청각을 개선하는 것이다. 반복하며 강조하지만, 청력이 감퇴되는 것을 경험한다면 약간 불편하더라도 더 늦기 전에 보청기를 사용할 것을 꼭 권유한다.

청각이 크게 나쁜 사람이 아니어도 나이가 들면서 높은 음의 소리를 전혀 듣지 못하는 현상은 피할 수가 없다. 정상적인 청각은 인지 저하를 막고 치매를 예방할 뿐만 아니라, 사회적인 고립을 막는 데 매우 중요한 조건이다. 사회적 고립은 다른 신체적 질병과 수명에도 결정적인 영향을 미치므로 정부나 의료기기 업계에서도 좀 더 편안하고 개선된 보청기 개발에 계속 투자해야 한다.

디지털 우정이라고 의미가 없을까?

페이스북 친구는 어느 정도 가까운 친구일까? 인스타그램이나 트위터 팔로어는 나에게 얼마나 의미가 있는 사회적 관계일까?

우리 생활을 송두리째 바꾼 스마트폰이 처음 출시된 것은 2007년이다. 생각해보면 아주 오래전도 아닌 것 같은데 이제는 스마트폰 없이는 하루도 살 수가 없는 판이다. 심지어 거의 하루 종일 스마트폰을 붙들고 사는 사람들이 적지 않고, 가족이나 친구들이 식당에 앉아 있을 때도 정다운 수다보다 각자 스마트폰만 들여다보고 있는 상황도 낯설지 않은 풍경이 되었다. 그야말로 디지털 기기로 인해 사회적 관계가 대폭적으로 바뀌고 있는 시대다.

소셜 미디어가 사람들의 정신건강과 사회적 관계에 미치는 영향에 대한 연구는 아직까지 새로운 분야이기는 하다. 한때 소셜 미디어 사용이 외로움을 늘리고 심리적 안녕감을 낮춘다는 연구가 언론에 많이 보도되었다. 그러나 이 결과는 참여자의 연령에 따라 많은 차이가 있다.

캐나다의 심리학자 제프 핸콕Jeff Hancock은 2006년부터 2018년까지 출판된, 소셜 미디어 사용과 심리적 삶의 질의 관계를 연구한 226개의 논문을 메타분석 방법론을 이용하여 분석하였다. 이 분석을 통해 그는 소셜 미디어가 심리적 삶의 질을 높이는 측면과 낮추는 측면, 두 가지 모두를 갖고 있다는 것을 발견했다. 27만 5,000명이 넘는 사람들을 대상으로 한 자료를 바탕으로 연구하였는데, 그 결과 핸콕은 개인의 테크놀로지 사용에 관한 변인까지 모두 고려할 때 소셜 미디어가 삶의 질에 미치는 영향은 "거의 제로"라고 결론지었다.

이 메타연구뿐 아니라 다른 대규모 연구도 비슷한 결과를 보였다. 옥스퍼드대학의 심리학자 앤드류 프지빌스키Andrew Przybylski와 에이미 오르벤Amy Orben은 35만 명의 청소년들을 대상으로 조사하였다. 그때의 자료를 바탕으로 2019년에 발표한 논문에서, 소셜 미디어 사용이 청소년의 삶의 질에 거의 영향을 미치지 않는다는 것을 보여주었다.

그러나 친구와의 소통을 위해 소셜 미디어를 사용하는 경우에는 삶의 질을 높이는 데 도움이 되는 것으로 나왔다. 이런 경향은 나이 든 사용자들에게 더 높았다.

핸콕의 메타연구에서도 그 결과를 연령별로 분석하면 장·노년층에게는 소셜 미디어의 사용이 사회관계적 삶의 질을 눈에 띄게 높여주는 것으로 나온다. 장·노년층이 소셜 미디어를 사용하게 되면 이미 장성한 자녀와 더 가깝게 연결될 수 있고, 멀리 다른 지역에 사는 친구들과의 소통도 더 자주 갖게 될 것이다. 이로써 이들의 사회적 관계의 통로로서 소셜 미디어가 큰 역할을 하게 됨이 증명된다.

미시건주립대학의 키이스 햄튼Keith Hampton은 2011년에 온라인과 오프라인의 사회적 관계를 설문으로 연구하였다. 2,255명의 성인을 대상으로 한 이 연구는 소셜 미디어를 사용하는 사람들이 오프라인에서도 더 활발하고 튼튼한 사회적 관계를 유지한다는 것을 보여주었다. 예를 들어 페이스북을 사용하는 사람들이 그렇지 않은 사람보다 도움이 필요한 일이 있을 때 더 많은 도움이나 조언을 받았고, 친밀한 사회적 관계도 잘 유지한다는 것이다.

키이스 햄튼은 이 연구결과를 두고, 소셜 미디어를 활발하게 사용하는 것이 (페이스북을 하루에도 몇 번씩 체크하는 등) 결혼을 하거나, 누군가와 함께 사는 것과 대비해 절반 정도의 사회적인 지지효과가 있다고 설명한다.

이런 연구결과들은 일반적인 우려와는 달리 소셜 미디어 사용이 삶의 질에 모두 부정적인 영향을 주는 것만은 아니라는 것을 말해준다. 이미 가까운 친구들이 오프라인에 충분히 존재하더라도, 온라인으로도 또 다시 연결되는 것은 사회적 연결을 더 깊게 만들어준다는 것이다.

온라인 집단은 보통 오프라인에서 시작한다. 학교친구, 동네친구, 직장동료 등 이미 오프라인에서 시작한 사회적 관계는 온라인에서도 연결될 때 더 돈독해질 수 있다. 보통 페이스북 친구의 25~30퍼센트는 실제로도 친구라고 한다. 게다가 소셜 미디어 덕분에 잊고 지내던 친구를 다시 만나게 되는 경우도 있지 않던가.

사회적 연결의 모습이 이전과 많이 달라졌다. 소셜 미디어는 사회적 연결망을 늘렸지만 그 넓어진 연결망이 모두 깊이 있는 연결은 아니다. 소셜 미디어에서 연결된 친구들 중 대부분은 '절친'이라고 할 수는 없다. 게다가 그들이 앞으로도 '절친'이 될 가능성은 그리 크지 않을 것이다. 평생 만날 일이 없을 수도 있다.

그러나 소셜 미디어로 인해 우리는 서로의 사는 모습을 알고 있다. 아이가 태어난 것도 알고, 직장을 바꾼 것도 알고 있다. 마라톤에 취미를 갖고 있는 것도 알고, 상대가 악기 연주나 요리에 취미를 가진 사람이라는 것도 알고 있다. 환경문제나 차별, 사회적 부조리와 같은 정치·사회적인 이슈에 적극적으로 활동하는 것도 알고 있다. 우리가 동의하는 사회적 이슈가 올라오면 함께 기부에 동참하기도 한다.

절친이 아니라고 해도 소셜 미디어는 커뮤니티를 만들 수 있는 기회를 주었다. 사회적 연결은 절친만으로 이루어지는 것은 아니다. 가장 가까운 이너서클에 들어올 수 있는 사람의 수는 한정되어 있다. 깊이 있는 관계를 유지하기 위해서는 시간적, 정신적, 물리적 투자가 필요한데 우리에게 주어진 시간은 유한하게 정해져 있기 때문이다.

이너서클이 아니더라도 커뮤니티는 중간서클로 만들어져도 얼마든지 큰 의미가 있다. 함께 등산을 가는 동아리에 참여하여 같이 산행을 하는 만남은 큰 의미를 주는 커뮤니티가 될 것이다. 친환경 이슈에 관심을 가지고 온라인 커뮤니티에 참여하여 정보를 공유하고 지역사회에서 활동할 때, 혹은 좋아하는 뮤지션의 팬클럽에서 활동할 때, 이러한 사회적 만남들도 우리 삶에 엄청난 에너지를 줄 수 있다.

이너서클이 될 만큼 매우 가까운 관계까지 친해지지 못하더라도 이러한 의미 있는 사회적 연결은 우리 삶의 질을 높여주고 행복에 가까이 가도록 만든다.

....

Jeff Hancock "Psychological well-being and social media use: A meta-analysis," at International Communication Association, May 2019

Amy Orben and Andrew Przybylski, "The Association Between Adolescent Well-Being and Digital Technology Use," *Nature Human Behavior 3, no. 2 (2019): 173*

Rebecca P. Yu et al., "The Relationship That Matter: Social Network Site Use and Social Wellbeing among Older Adults in the United States of America," *Aging and Society 36*, no 9 (2016): 1826-52.

Keith Hampton et al., "Social Networking Sites and Our Lives," *Pew Internet and American Life Project* 16(2011): 1-85

11

세계의 웰에이징

오키나와 노인들은 무엇이 달랐을까

BMW의 실버라인에게서 배우다

일찍 고령화가 진행된 유럽에서는 숙련된 기술자가 줄어들 것에 대한 우려가 오래 전부터 있어 왔다. 2007년 독일의 BMW는 숙련공 부족을 막기 위해 생산 라인 중 하나를 '고령' 라인으로 전환하여 실험적으로 개선해보고자 시도하였다. 이 생산 라인은 직원의 평균연령이 50살가량 되는 직원들로 구성하였다.

일단 워크숍을 열어 작업환경 개선을 위한 기초 조사부터 시작했다. 기존 근무환경에서 신체 중 아프고 쑤신 곳이 없는지를 파악하고 그와 관련된 작업 환경을 개선하였다. 바닥을 목재로 바꾸고, 회전식 의자를 사용하고, 돋보기안경을 지원했다. 교대 시간을 짧게 줄여서 스케줄을 구성하고, 매일 팀 단위로 모여 스트레칭을 하는 등 70여 가지의 변화를 만들었다.

처음에는 "연금 라인"이라고 부르며 그들을 무시하는 다른 부서의 직원들도 있었지만 시간이 지나자 점차 사람들의 반응도 좋아졌고, 팀 단위의 스트레칭에 참여하고자 하는 사람도 많아졌다.

특히 이런 변화는 나이 든 숙련공의 근무환경을 개선했을 뿐 아니라 생산성까지 향상시켰다. 결근율은 7퍼센트에서 2퍼센트로 떨어졌고, 조립 불량품 수는 '0'이라는 기록을 세웠다. BMW에서 이 변화에 들인 총 비용은 4만 3,000달러로, 생각보다 크지 않은 액수를 투자해서 큰 변화를 만든 성공 사례라고 할 수 있다.

직업이나 노동의 개념도 시대에 따라 변화한다. 지금 가장 인기 있는 직업이 된 유튜버가 직업군으로 들어온 것은 10년이 채 안 되었다. 경제체제에서 일자리 수는 고정된 것이 아니다. 경제학자들이 말하는 '노동 총량의 오류'란 세상에 필요한 노동 총량이 정해져 있으며 고용시장이 마치 의자 빼앗기 싸움처럼 서로 빼앗는 것이라고 생각하는 것이 결국 오류라는 말이다. 노동 총량의 오류는 1892년에 데이빗 스콜로스라는 경제학자가 만든 오래된 개념이다.

세대 간 일자리 전쟁론의 진실은 현실과 다르다. 젊은 근로

자와 나이 든 근로자는 원하는 직장이 달라 대체관계가 쉽게 성립하지 않는다. 오히려 그 반대이다. OECD의 연령별 고용률을 보면 나이 든 사람들의 고용률이 높은 나라일수록 젊은 이들의 고용률도 높다는 통계가 나와 있다.

1994년 OECD는 청년실업 해소를 위해 장년층의 조기 은퇴를 권하는 정책을 제시한 적이 있다. 그러나 10년 후인 2005년에 OECD는 그 때의 오류를 시인하고 이 정책을 폐기했다. 10년간 조기 은퇴를 늘렸지만 청년층 실업이 완화됐다는 증거를 찾지 못했다는 이유였다.

2차 세계대전 이후 여성들이 본격적으로 노동시장 안으로 뛰어들어 왔을 때도 이 때문에 남성들이 일자리를 잃었다는 통계는 없었다. 도리어 경제가 더 성장했다는 결과만 나왔다. 미국과 중국, 두 나라에서 모두 지난 40년간 나이 든 사람을 고용했다는 이유로 젊은 근로자들의 노동 기회나 임금 수준이 달라졌다는 증거가 없다는 연구결과가 나와 있다.

2018년 〈하버드 비즈니스 리뷰〉에 따르면 소프트웨어 업계의 스타트업의 경우 평균 연령이 40세이고 아주 젊은 창업자도 많다고 한다. 그러나 에너지 또는 생명공학과 같은 산업에는 젊은 창업자가 상대적으로 드물었다.

미국에서 가장 높은 성장률을 보이는 스타트업의 창업자 평균 연령은 45세였는데, 소셜 미디어 업계를 제외하면 이 나이는 47세로 높아진다. 영국의 스타트업의 고용 데이터를 보면 50세 이상 창업자가 50세 미만의 창업자보다 사람들을 더 많이 고용하는 것으로 나와 있다.

나이로 경제활동을 제한하거나 세대 간 갈등의 근거를 만들 필요는 없다. 경제는 '제로썸'으로 돌아가지 않는다. 사회 전체가 함께 발전하고 경제가 활성화될 때 세대 간 경쟁이 아닌 윈-윈 하는 사회가 될 수 있다.

오키나와 모아이 공동체

건강하게 장수하는 마을을 연구하는 '블루존 연구'에서 가장 주목하는 대표적인 지역은 일본의 오키나와이다. 백 세가 넘도록 건강하고 활동적으로 살고 있는 사람들을 조사해보면 일본의 그 어떤 다른 지역보다 오키나와에서 살고 있는 노인들이 월등히 많다. 블루존 연구자들은 이에 오키나와 노인들의 장수 비결이 무엇일까 찾아보았다.

일본이 장수국가라고는 하나 오키나와에는 백 세 이상 건강하게 살고 있는 경우가 일본의 다른 지역과 비교할 때 두 배 이상 많다. 특별한 유전적 요인이 있는 것은 아니었다. 왜냐하면 그 지역의 사람들이 다른 곳으로 이주하면 그런 건강한 장수의 효과가 더 이상 나오지 않기 때문이다.

자연환경 자체만의 요인도 아니다. 자연환경이 청정한 지역이라고 해서 무조건 건강하게 장수하는 것도 아니기 때문이다. 《오키나와처럼 살다》라는 책을 보면 오키나와 사람들의 건강한 장수 비결을 여섯 가지로 설명하였다.

첫째는 건강한 식생활이다. 오키나와의 주민들은 야채와 콩 위주의 식생활을 하는데, 오키나와의 식생활을 연구한 결과를 보면 사람들은 하루에 1킬로그램 이상의 야채와 콩을 섭취한다고 나와 있다. 흔히들 건강을 위해서는 소식을 하라는 말을 많이 듣지만 나이가 들수록 충분히 영양을 섭취하는 것이 중요하다.

둘째는 삶의 목적과 의미를 가지고 있다는 점이다. 백 세 넘도록 건강하게 살고 있는 모든 사람들은 '이키가이'를 가지고 있는 것을 볼 수 있다. 일본어로 '삶의 목적'을 의미하는 '이키가이'는 농장에 있는 가축을 돌보는 일일 수도 있고, 증손자를 돌보아주는 일일 수도 있으며, 어려움에 처한 이웃과 친구들을 도와주는 일일 수도 있다. 이 분들은 매일의 삶에서 이런 목적과 의미를 실천하면서 살아간다.

셋째는 좋아하는 활동을 계속 해나가는 것이다. 열정을 가지고 즐겨하는 활동을 멈추지 않고 바쁘게 지속해나가는 것은 정신적으로나 신체적으로 큰 힘을 준다. 오키나와의 말에는

'은퇴'라는 표현이 없다. 좋아하는 일이라면 평생 지속한다. 죽는 날까지 계속 몰두할 수 있는 일을 하는 것은 삶의 만족도를 높일 뿐 아니라 신체적인 질병까지 막아준다.

넷째는 사회적인 지지기반이다. 오키나와 사람들에게는 가족과 이웃들뿐만 아니라 더 넓은 사회적 지지기반이 탄탄하게 존재한다. 오키나와 사람들은 또 '모아이'라고 부르는 사회적 그룹에 들어가 있는 경우가 많은데, 몇몇의 친구 그룹과 같은 형태의 모아이도 있고 좀 더 큰 커뮤니티 형태의 모아이도 있다. 그들은 함께 모여 차를 마시기도 하고, 가족 중에 상을 당했거나 힘든 일을 당한 사람이 있으면 음식을 나누어 먹거나 경제적인 도움을 주는 등 서로서로 돕고 살아간다.

다섯째는 서두르지 않는 삶의 방식이다. 말하자면 시간의 개념을 다르게 보는 것이다. 현대사회의 대부분은 빠른 속도로, 그야말로 마감 앞에 발을 동동 구르는 식으로 흘러간다. 특히 한국은 뭐든지 빨리빨리 해결하는 것을 좋아하는 성미 급한 문화가 존재한다. 목적이 없어도 바빠야 하고, 무언가를 빠른 시간 내에 해내야 삶을 성공적으로 살고 있다는 느낌을 받는다. 그러나 긴 호흡으로 바라볼 때 이런 조급증은 우리에게 만성 스트레스를 던져 건강과 정신에 해를 끼치는 결과를 줄 수 있다.

여섯째는 정신적이고 영적인 연결이다. 오키나와 사람들에게 있어 돌아가신 조상들의 묘를 찾아가는 일은 어려운 과제가 아니라 마치 이전 시대의 어른들과 만나 소풍을 가는 것 같이 평화로운 일이다. 몇 세대 이전의 분들을 생각하고 그분들이 곁에 있는 것처럼 대화를 나누는 것은 세대 간의 연결을 유지하고 그 안에서 나의 의미를 찾는 일이다.

오키나와에서는 백 세까지 사는 것이 흔한 일일 뿐 아니라, 나이를 떠나 건강하게 활동적으로 산다는 점에서 더 고무적이다. 백 세의 나이가 되어도 요양원에 몸을 맡기고 살지 않는다. 백 세의 나이에도 증손주를 돌보는 오키나와 할머니들의 모습을 자주 볼 수 있다.

외롭다는 노인들도 거의 찾아볼 수 없다. 질병으로 고통스러워하면서 오래 사는 것이 아니라, 건강한 몸으로 의미 있는 하루하루를 보내면서 오래 사는 것은 하늘과 땅 차이만큼 완전히 다르다.

그분들의 건강한 장수가 생선을 많이 먹는 식습관 때문이라는 이야기도 있었고 유전적인 영향이라는 의견도 있었다. 그런데 생선을 많이 섭취하는 지역은 오키나와 말고도 수없이 많으며, 꼭 어류를 많이 섭취한다고 해서 장수하는 것만도 아니다. 건강하게 나이 드는 것은 한 가지 요인만으로 이루어지는 것이 절대 아니다.

오키나와의 행복한 장수비결로 많은 관심을 모은 것은 '모아이'이다. 모아이는 평생지기 친구들로 이루어진 그룹을 말한다. 나이가 비슷한 또래 친구들도 있지만, 동고동락하는 친지와 이웃으로 만들어진 공동체가 모아이이다. 이 공동체는 서로 간에 사회적, 재정적, 신체적, 정신적인 지지를 주고받으면서, 어린 시절부터 시작하여 백 세까지 연결되는 사회적 지원의 공동체로서 장수의 전통을 만들어가고 있다.

'모아이'라는 용어는 수백 년 전에 마을의 재정 지원 시스템을 위해서 시작될 때 지어졌다. 이후 모아이는 마을의 공공사업을 목적으로 마을 전체의 자원을 모으기 위해 형성되었다. 오늘날에는 공동체를 위한 사회적 지원 네트워크로 그 개념이 확장되었다.

모아이는 전통적으로 5명의 어린 아이들로 구성된 그룹이 함께 짝을 이루어 평생 의지하고 서로에게 헌신하는 모습으로 관계를 완성시킨다. 두 번째 가족으로서 일과 놀이 모두를 위해 정기적으로 만나 자원을 모으곤 하는데, 일부 모아이는 90년 이상 지속되었다고 한다.

오키나와의 모아이 공동체 사람들은 '존재의 이유'라고 번역될 수 있는 '이키가이'를 중요시 여긴다. 자신이 즐기는 일과 자신이 잘 하는 일이 교차하는 지점에서 자신의 가치와 이키가이를 발견한다고 한다.

한 인터뷰에서 고제이 신자토라는 할머니는 어릴 때부터

함께 의지했던 네 명의 여성들과 모아이로서 오랫동안 살아왔다고 말했다. 그들은 지금까지 끈끈한 우정을 나누면서 서로서로 의지가 되어준다. 104세의 나이인데도 매일 직접 요리를 하고 정원을 가꾸며 활동적인 삶을 이어간다.

"하루 중 시원한 시간에는 정원에서 일합니다. 점심시간에는 수제 된장을 물 냄비에 섞고 신선한 당근, 무, 표고버섯을 넣어요. 그리고 두부를 프라이팬에 익힙니다. 틈틈이 부엌을 치우고 카운터, 싱크대, 창문도 닦습니다. 매 식사 전에 '하라 하치 부'*라는 말을 생각합니다."

점심 식사 후 그녀는 만화책을 읽거나 텔레비전에서 야구 경기를 보고 낮잠을 잔다. 이웃들은 매일 오후에 들르거나, 일주일에 최소한 두 번은 그녀의 모아이 동료들이 집으로 방문해 함께 차를 마시며 이야기를 나눈다. 신자토의 남편이 46년 전 세상을 떠났을 때, 살다가 경제적으로 어려워졌을 때 등 삶이 힘들 때마다 그녀는 모아이 공동체에 의지하며 이겨낼 수 있었다.

오키나와 사람들은 평생 동안 그 지역에 살면서 평생지기 친구, 평생지기 이웃들을 곁에 두고 지낸다. 장수하는 사람이

---

* '음식을 먹을 때 배가 80퍼센트 정도 차면 식사를 중단하는 것을 원칙으로 한다'는 말이다.

있는 것이 아니라 마을 전체가 함께 장수하는 것이다. 나이 들어서 새로운 곳으로 이사하는 것은 힘든 일일 뿐 아니라, 무엇보다 내가 살고 있는 곳, 나의 커뮤니티가 제일 중요하다고 여기는 그들이다. 여러 세대가 함께 있고 삶의 지혜와 행복을 주고받을 수 있는 공동체가 필요한 것이다.

코로나19 팬데믹은 고령자에게 더 치명적이었고 장수마을로 알려져 있던 지역일수록 팬데믹 초기에 큰 타격을 입었다. 그러나 의미 있는 사회적 관계의 중요성은 팬데믹으로 더 드러나게 되었다.

일상의 만남이 넘치는 사르디니아

블루존 연구의 원조인 이탈리아의 사르디니아Sardinia는 세계에서 가장 장수한 남성의 고향이며, 세계 최초로 남성이 여성만큼 오래 사는 곳이기도 하다.

발달심리학자이자 저널리스트인 수전 핀커Susan Pinker는 사르디니아 섬의 빌라그랑데라는 마을에 집중하여 그 비결을 연구하였다. 이 마을은 항상 가족, 친구, 이웃, 혹은 낯설어도 왠지 친근하게 여겨지는 사람들로 둘러싸여 있다는 것을 알게 되었다. 《빌리지 이펙트Village Effect》라는 책에서 수전 핀커는 인터넷을 통한 만남이 아닌 실제로 대면하는 만남의 중요성을 역설하고 있다.

대부분의 나라에서 여성의 기대수명은 남성보다 길다. 그런데 남성이 여성만큼 오래 사는 사르디니아의 비결은 무엇일까? 유전일까, 식생활일까, 운동일까? 사르디니아의 음식은 치즈, 파스타, 디저트 등 지방질과 탄수화물로 가득하다. 라자니아는 치즈 네 겹, 고기, 파스타 네 겹, 진한 토마토소스 등으로 만들어진다. 한마디로 짜고 기름진 음식이다.

수전 핀커는 결국 이 마을의 장수 비결은 사람과의 만남이라고 대답한다. 가깝고 끈끈한 사회적 관계는 너무나 중요해서, 내가 힘들 때와 필요할 때 의지할 수 있고 경제적인 어려움이 있을 때 도움을 받을 수도 있다. 이런 사회적 관계가 건강과 장수에 중요한 요인이 된다는 점은 그리 놀라울 만한 일은 아니다.

그런데 이런 사회적 관계 말고도 또 다른 건강과 장수의 예측요인이 있으니, 바로 사람들과의 단순한 마주침이다. 만남이라고 하기에는 약한 이런 마주침이 결정적으로 중요하다는 얘기다. 가게에 물건을 사러 갔다가 눈을 마주치고 가볍게 목례하고 지나가는 사람들, 커피숍에서 아메리카노를 주문하면서 따뜻한 아메리카노인지 아이스인지, 가져갈 것인지 커피숍 안에서 먹을 것인지, 그저 한두 마디의 일상 대화일 뿐인데도 이는 우리의 건강에까지 영향을 미치는 사회적인 마주침인 것이다.

사르디니아의 집들은 서로서로 붙어 있는 구조여서 사람이 골목길을 걸어가면 창문에서 누군지 다 알아볼 수 있을 정도다. 그만큼 마을 인구의 인구밀도가 높아, 낯선 사람들이 걸어가도 동네에서 다 알아차릴 만하다. 물리적으로 마주치는 것이 일상이고, 매일 이웃들과 오가면서 함께 식사하고 어울리는 문화를 가지고 있다.

사르디니아가 특히 장수연구에서 관심을 받는 이유는 장수에 남녀 차이가 없기 때문이다. 일반적으로 기대 수명은 여성들이 남성들보다 5년에서 7년, 많게는 10년까지 더 길다. 이런 차이는 근래 들어 여성들 가운데 스트레스 받는 직장생활이 늘어가면서 줄어드는 경향도 있으나 여전히 여성들이 남성들보다 기대 수명이 높다.

이런 차이를 유전, 삶의 스타일, 직장의 차이 등 여러 가지 원인으로 나누어 살펴보는 연구가 많았지만 그 중에서도 여성과 남성의 사회적인 행동이 중요한 원인이라고 보는 견해에 많이 이들이 주목한다. 여성들은 만남 그 자체를 위한 만남에 주력한다. 직장의 동료가 아닌 정을 나누는 친구나 이웃들이 더 많다는 것이다.

여성들 중 친한 친구가 적어도 네 명 정도 있는 사람들은

사르디니아 섬의 빌라그랑데 마을

유방암 치료에서 회복률이 몇 배가 더 높게 나온다는 조사결과가 있다. 남성들 중 친구들과 포커를 치거나 커피 모임을 정기적으로 하는 사람들은 뇌졸중에서 회복될 가능성이 훨씬 더 높다. 식이요법, 운동 및 전반적인 건강 상태 등이 우리가 얼마나 오래 살 수 있는지에 대한 최고의 예측 인자인 것처럼 보이지만, 실은 친밀한 관계와 사회적 연결, 이 두 가지가 결정적으로 중요하다.

가장 가까운 친구, 슬픈 일이 있을 때 언제든 만나거나 통화할 수 있는 사람들, 힘든 일이 있을 때 나를 도와주었던 친구…… 이런 이들이 내가 어려움을 겪을 때에 나를 지원해줄 사람들이다.

그리고 이런 친밀한 관계가 아니더라도 하루를 보내는 동안 만났던 사람들과의 상호작용, 강한 유대와 약한 유대를 전부 포함한 사회적 연결, 이 모두가 다 중요하다. 매일 출퇴근할 때 보게 되는 카페의 바리스타, 식료품점에서 줄을 서서 기다리다 눈이 마주치는 누군가까지, 사회적 연결이란 이런 만남까지 다 포함된다.

매일 이루어지는 대면 상호작용은 한 사람이 얼마나 오래 살 수 있는지에 대한 가장 강력한 예측 요인 중 하나이다. 따라서 이탈리아의 사회문화는 긴밀한 관계와 일상적인 사회적 상호작용을 위해 설계되었지만, 나머지 세상은 사르디니아 마을과 같은 모델에서 점점 더 멀어지고 있다. 매우 친하고 믿을 수 있는 사람이 주변에 두 사람 이하라고 대답하는 경우가 더 많아졌다.

위에서도 언급했듯 여성이 남성보다 더 오래 사는 경향에 있어서 이러한 원인을 예상할 수 있다. 여성은 남성보다 대면 관계를 더 우선시하는 특징이 있고, 그러므로 질병이나 정신적 쇠퇴를 미리 예방할 가능성이 높다. 강력한 모아이를 만드는 것은 쉬운 일이 아니지만, 최대한 오래 살 수 있도록 노력하는 일은 버스에서 옆에 앉아 있는 사람과 대화를 나누는 것처럼 간단할 수도 있다.

한국형 웰에이징 모델을 찾아서

1980년 한국 인구의 중위 연령은 21.8세였으나 2020년에는 43.7세로 높아졌다. 2020년에 조사한 한국인의 기대 수명은 82.7세였고 머지않아 90세를 넘길 것으로 전망한다. 다른 선진국가들의 경우 50년에 걸쳐 이루어진 고령화가 한국에서는 20년이 안 되는 짧은 기간에 이루어진 것이다. 이전에 장수 국가라고 알려진 일본이나 서유럽의 국가들을 곧 추월할 것이라는 예측이 나온 지 몇 년 되지 않았는데 한국의 인구구조는 이처럼 가파르게 변화하고 있는 상황이다.

노후 복지제도가 잘 갖추어진 스웨덴이나 호주의 경우를 보면 나이가 들면서 주관적 삶의 질이 향상한다. 하지만 복지제도나 경제적 요인만이 삶의 질을 결정하는 것은 아니다. 일본, 싱가포르 같은 동아시아 국가들이나 미국과 서유럽 국가들, 그리고 페루, 우루과이 등 남미 국가들은 삶의 만족도가 중년기에 다소 감소했다가 노년으로 가면서 증가하는 U자 형태를 보인다.

한국인의 삶의 질을 조사한 바에 따르면 삶의 만족도가 전 세대에 걸쳐 낮은 편이지만 다른 국가와 달리 연령대가 높아질수록 삶의 만족도가 더 하락한다.

삶의 질은 경제적, 사회적, 문화적인 요인이 모두 영향을 미치기 때문에 적극적이고 다각적인 준비가 필요한 부분이다. 지금 고령자의 비율이 가장 높은 일본은 다른 나라들에 비해 실버산업이 발달되어 있고 장수 연구도 항상 빠지지 않고 등장한다. 그러나 일본의 에이징 모델도 많은 문제를 안고 있긴 마찬가지다. 2016년 3월 27일자 〈파이낸셜 타임즈Financial Times〉에 이런 기사가 나왔다. '일본의 노인들이 생활비를 줄이기 위해 감옥을 선택하다(Japan's elderly turn to life of crime to ease cost of living)'라는 제목의 기사다.

일본의 교도소 시스템은 복지비용의 급증으로 예산 위기를 맞고 있다. 일본 법무부 수치에 따르면 좀도둑 범죄의 35퍼센트는 60세 이상이 저지르고 있으며, 반복 범죄로 수감되는 노인 수감자의 수가 1991년에서 2013년 사이에 무려 460퍼센트나 증가했다. 예상되다시피 일부러 좀도둑질과 같은 작은 범죄를 저질러 교도소에 가려고 하는 시도이다. 교도소는 어느새 수감자들에게 무료 식사, 숙박 및 의료 서비스를 제공하는 기관으로 바뀌어 버렸다. 교도소가 복지관이 되어버린 것이다.

이런 시스템은 비효율적이고 비인간적인 방식으로 복지서비스에 국가예산이 들어가는 결과를 만들었다. 차라리 의식주를 제공하는 공공복지관을 운영하는 것이 훨씬 더 인간적인 방법일 것이다.

웰에이징을 위한 공공구조의 개혁이 국가 단위로만 이루어지는 것은 아니다. 뉴욕은 1990년대 이후 노인 빈곤층이 계속 늘어나는 추세였는데, 2007년에 뉴욕 시장이었던 블룸버그는 이런 문제를 해결하고 노인친화적인 뉴욕을 만들기 위해 대대적인 정책의 변화를 시도하였다. 의료제도 개선, 건물과 시설 및 공공서비스 개선, 도시안전 개선 등을 시행해 노력해온 결과 2010년에 뉴욕은 미국에서는 처음으로 세계보건기구WHO의 노인친화도시 네트워크에 들어갈 수 있었다.

이런 도시의 개혁에서 강조할 점은 사회적 지지를 구축하는 것과 정보를 공유하는 것이다. 학교, 비즈니스, 도시 서비스 등을 노인친화적으로 바꾸고 개인의 삶의 질을 향상시키는 것에 주력한 결과다.

한국의 웰에이징 모델은 다른 나라의 모습을 따라가는 것이 아니라 우리만의 아이디어와 정책으로 가장 좋은 길을 만들어가야 한다. 인간의 나이 듦은 사회문제가 아니다. 개인의 삶의 진실이다.

그럼에도 웰에이징은 혼자서 할 수 있는 일이 아니다. 나 혼자 잘 사는 사회는 불가능하다. 세대 간, 성별 간, 인종 간, 계층 간의 차이가 커질수록 사회는 불안해지고 경제도 발달할 수 없다. 편 가르기와 지나친 경쟁은 사회의 발전 가능성을 떨어뜨릴 뿐이다. 함께 잘 사는 사회를 만들어가야 한다.

. . . .

Pinker, S. (2014). *The village effect: why face-to-face contact matters.* Atlantic Books Ltd.

Daniel Gilbert (2009). Stumbling on Happiness. Vintage Publishing.

Hill, Amelia, 'Older entrepreneurs employ more staff than start-ups run by younger people', Guardian, December 2017.

Azoulay, Pierre, Jones, Benjamin, Kim, J. Daniel, Miranda, Javier, 'Research: the average age of a successful startup founder is 45'. Harvard Business Review, July 2018

https://hbr.org/2018/07/research-the-average-age-of-a-successful-startup-founder-is-45

OECD Data Set, 'Employment Rate by Age Group'.

나이를 이기는 심리학

초판 1쇄 발행 2022년 10월 31일
초판 3쇄 발행 2023년 12월 11일

지은이   한소원
책임편집   강희재 박소현
디자인   주수현 이상재
펴낸곳   ㈜바다출판사

주소   서울시 마포구 성지1길 30 3층
전화   02-322-3885(편집), 02-322-3575(마케팅)
팩스   02-322-3858
e-mail   badabooks@daum.net
홈페이지   www.badabooks.co.kr

ISBN   979-11-6689-120-5 03180